마니산

북한산

선운사

2005년 7월 17일 도명산에서

올산

도봉산 여성봉

불곡산

올산

소요산 능선

화양구곡

북한산

낙동강 원천

오봉산

산 목리

도서
출판 채운재

시조집을 내면서

나는 서예를 하다 보니 즐겨 써준 글이 있다.

"우정은 산길 같아 자주 오고 가지 않으면 잡초가 우거져 그 길은 없어지나니"이다.

혹시나 내가 소홀히 하고 있는 벗이 없는가 하고 생각하게 하는 글귀다.

산을 벗 한 지 40년 세월이 흐르고 그간 다닌 산만도 수백 개가 넘으니 삼행시 짓는 것도 이력이 났다.

전부가 산 이름 시조이니 제목도 "산무리"로 정했다.

생각해 보면 산은 멋쟁이 큰 스승이다. 아름답고 멋있는 옷을 철따라 갈아입을 줄 알고 찾아가는 모든 사람들 큰 가슴으로 안아주고 인생의 삶의 지혜를 깨우쳐 주고 건강의 길로 인도해주는 스승님이다.

구차하게 분발과 단장하여 내어놓은 시조보다 꾸밈없이 생각나는 대로 완만하고 험준한 산세처럼 갖가지 내용이 담겨져 있음에 누가 탓하지는 않을 성 싶지만 읽으면 재미는 있다.

이제까지 건강하게 산행하였기에 세월이 저에게 준 선물이라 생각한다.

또한, 나의 삶의 역사이기도 하다.

산을 오르듯 인내하며 열심히 살면 세월은 누구에게나 선물을 줄 것이다.

금제 김 종 태

| 차례 | 산 뿌리

| 차례 | 산 무리

조선일보 월간산 잡지 "그림산행" 연재

가령산

가고 싶어도 못 가는 우리의 백두산
령산인 백두산은 대한의 최고 봉
산마다 좋다지만 천지를 더할소냐

가슴 섬 듯 침투공비 잠수함 타고 동해침투
령관급 장교들로 특수임무 띠고 와서
산속의 외딴집에 옥수수를 훔쳤다네

가만히 있으면 누가 와서 닦아주나
령관계급 변하여서 별까지 달려면
산전수전 악전고투 그 뒤에 별을 딴다

산명 : 가령산(654m)
위치 : 충북 괴산군 청천면 송명리

가리산

가지고 가야 할 공양 물건들이 많기는 하지만
리어커가 있다고 보살님들 너나없이 싣고 있네
산 깊은 불사까지 어떻게 옮겨질까

가짜상표 판을 치니 검찰에서 단속이라
리스트 작성하여 하나하나 검거하는데
산으로 숨어든 놈 한 둘 아니니 그 일을 어쩌나

산명 : 가리산(1,051m)
위치 : 강원도 홍천군 두촌면

가칠산

가정형편 어려워서 교대를 갔었는데
칠년 만에 졸업하고 발령나기 기다리니
산골 분교 발령받아 발걸음이 무겁구나

가장 이름난 명장이 되겠다고
칠기공예 기능을 한없이 갈고 닦아
산중에서 따온 옻분 명장이 되었네

산명 : 가칠산(1,240m)
위치 : 강원도 홍천군 내면/삼봉약수

각흘산

각선미 늘씬한 아가씨 옆에서
흘기며 보는 눈빛 보기가 민망하네
산뜻한 뒷머리는 허리를 안고 돌고

각설이 타령으로 생계를 잇는데
흘린 동전 주워 모아 한 끼 때우는 처지구나
산채비빔밥 한 그릇 언제 먹어볼까 나

산명 : 각흘봉(838m)
위치 : 경기도 포천군 이동면

감악산. 1

감쪽같이 괴뢰군에 빼앗긴 감악봉
악전고투 싸워 이긴 우리 국군들
산세 좋은 이곳을 잘도 지켜주셨네

감사하는 마음으로 오늘을 맞으면서
악수하는 첫 만남에 웃음을 보내고
산천이 변해도 감사하는 마음 변치마라

감감소식이던 말 없는 그 남자가
악어 빽을 사들고 찾아 왔구나
산산이 부서진 줄 알았더니 꿈인가 봐

산명 : 감악산(920m)
위치 : 강원도 원성군 신림면

감악산. 2

감당하기 힘들어도 참아가며 이겨내면
악성루머 시간 흘러 잠잠하게 되어지리
산 같던 바위들도 모래같이 흩어지리

감 놔라 배 놓아라 일일이 간섭하며
악착같이 괴롭혀도 좋은 일은 있느니라
산 넘어 지는 해가 내일이면 밝아오듯

산명 : 감악산(675m)
위치 : 경기도 파주군 적성면

검봉산

검소하고 포근한 농촌생활 좋다지만
봉선화 물들이고 임 만나러 가려하면
선술집 하나 없고 불편한 게 너무 많다

검찰직에 근무하니 덕 보는 것도 가끔 있지
봉급은 적지만은 목에 힘주는 것 더러 있지
산골 촌놈 이만하면 출세한 것 아니겠소

산명 : 검봉산(530m)
위치 : 강원 춘천군 남면

견치산

견물생심이라 시간도 있고 하여
치근덕거리면서 따라오는 총각을
산골 촌놈 같지 않으니 데이트 한번 해봤지

견실한 생활로 지금까지 살아온 내가
치마만 두르면 좋아하는 남자완 달라
산책하자고 유혹한 들 흔들릴 수 없지

산명 : 견치봉(1,120m)
위치 : 경기도 가평군 북면/용수목

계관산

계란장사 해보려고 양계장을 지었는데
관리비 적게 들게 완전자동 시설하고
산란만 기다리며 비지땀을 흘린다

계산이 정확한 사람은 인정을 받는다
관리로서 출세에도 지장이 없지
산업전선 어디 가도 환영받는 사람 되리

산명 : 계관산(710m)
위치 : 경기도 가평읍/춘성 서면

계룡산

계명이 들리니 산촌이 잠을 깨고
룡도 잠을 깨고 꿈틀꿈틀 용트림
산세가 험하니 이름 붙여 명산이라

계절이 여름이라 변덕 많은 날씨지만
룡이 승천하시느라 구름비 일으키니
산자락 초가삼간 물난리 걱정한다

산명 : 계룡산(845m)
위치 : 충남 공주군 계룡면

계방산

계집아이 이쁜이가 내 앞을 걸어가네
방귀를 뽕 뀌고도 거리낌이 없네요
산들산들 흔드는 엉덩이는 이쁘긴 하네

계획을 세우지 않고 창업을 하는 자는
방심하고 차를 모는 운전자와 같으니
산 밑으로 굴러떨어져도 자기 탓이야

산명 : 계방산(1,577m)
위치 : 강원도 평창군 용평면

고대산

고요하던 산기슭에 등산객의 발소리들
대자연의 신비함을 온몸으로 느끼는데
산새 소리 물소리에 조금은 알 것 같다

고개 넘어 철원평야 벼농사는 풍년인데
대풍에도 농부들은 일손 딸려 걱정하네
산에 가는 등산객들 일일농부 되어보세

산명 : 고대산(832m)
위치 : 경기도 연천군 신서면

고동산

고단한 하루 일손 먼지 털고 손을 씻고
동네마을 찾으니 밥 냄새가 구수한데
산그늘에 어둠 드니 아내 얼굴 보겠구나

고요한 농촌마을 풍요 속에 잠들다가
동녘의 붉은 햇살 들녘을 흔드는데
산새들도 잠을 깨고 재재비비 하는구나

산명 : 고동산(710m)
위치 : 전남 순천시

고래산

고색이 찬란한 신라의 유적 찾아
래온사인 찬란 불빛 서울을 훌쩍 떠나
산재한 유적보물 답사하기 잘했구나

고된 삶 한탄하며 카페를 찾았는데
래온이 현란하게 분위기를 잡으니
산란한 내 마음이 양주병에 녹는구나

산명 : 고래산(531m)
위치 : 경기 남양주시 화도읍

고령산

고개를 갸웃갸웃 눈동자 굴려봐도
령자가 붙은 낱말 국어사전에도 없구나
산신령님 하지 말고 령산신 해볼까

고모령 추풍령 대관령 죽령이라
령자타령 노랫말도 많기도 하구나
산 오르기 힘드니 노래나 불러볼까

산명 : 고령산(621m)
위치 : 경기 파주시 광탄면

고루포기산

고갯마루 숲속에 소곤대는 두 사람
루머는 소리 없이 온 마을에 퍼지는데
포근히 안김 속에 두 사람만 모르네
기쁨을 나누는 두 사람은 너무 좋아
산속의 오두막집도 둘이라면 좋테나

고향에 가려니 멋도 좀 부려야지
루즈를 바르고 화장도 고쳐 하고
포도를 사갈까 고기를 사서 갈까
기차 타면 좋을까 버스를 타고 갈까
산골길 가자면 편한 신발 좋겠지

산명 : 고루포기산(1,232m)
위치 : 강원 강릉시 왕산면

곡달산

곡소리가 슬프구나 무슨사연 이길래
달려가서 알아보니 남편이 죽었다네
산에 가서 뱀 잡다가 뱀에게 졌다나

곡명은 알 수 없고 가락은 처량한데
달빛 아래 나와앉아 귀 기울여 듣는구나
산 위에 걸린 달은 저 소리를 들을까

산명 : 곡달산(628m)
위치 : 경기 가평 설악면

공작산

공들이고 공을 들여 아들을 얻었는데
작은놈이 짓궂고 장난도 서슴없이
산통 깨는 일만하니 어찌하면 좋을 고

공기 좋고 물 맑은 곳 양지바른 산자락에
작고 아담한 토담집을 정성 들여 지었더니
산에 있는 토끼들이 제집인 양 찾아드네

산명 : 공작산(887m)
위치 : 강원도 홍천/화천 동명(887m)

관악산

관음보살 외어가며 연주암을 찾아들어
낙엽을 벗하면서 부처님께 빌어보고
산새들의 지저귐이 웃음인가 염불인가

관광 버스 안에서 디스코 추는 저 무리
악쓰며 노래하면 다른 사람도 좋아할까
산탄총 있으면 한 방 쏘고 싶구먼

관공서 찾아가서 몇 가지 물으니
악수 청하며 친절하게 안내도 하네
산더미 같은 일 두고 고맙기도 하지

산명 : 관악산(632m)
위치 : 서울특별시 관악구

관음산

관광의 해에 찾아온 일본 관광객
음밀하게 놀려고 기생파티 요정 찾아
산토리 양주 한 병 모두 들고 찾는구나

관심 많은 남북정상회담 날짜 잡으니
음기가 북에 모여 김일성이 죽고마네
산에다 묻지 않고 박제하여 어디 쓰나

관대한 처분에다 대접까지 받았는데
음식 맛이 일미라서 혀끝에서 감도는데
산초 넣은 추어탕은 어머님의 솜씨 같네

관리직에 근무하니 명예퇴직 바람 타네
음악에 소질없어 한만은 이 세상 못 부르고
산다는 게 그런 거지 마음이나 편이 먹자

산명 : 관음산(733m)
위치 : 경기도 포천군 이동면/영북

광교산

광대들의 축제행사 사람들이 모여 뛰니
교통은 엉망진창 뒤죽박죽 상황이네
산신령님 내려와서 교통정리 해주세요

광수생각 특이해서 만화에서 인기인데
교육적인 생각일까 시대적인 생각일까
산처럼 못생기게 그림 하나 잘 그렸다

산명 : 광교산(582m)
위치 : 수원시 용인군 수리면

광덕산. 1

광활 한 초원에서 양 떼 기르며
덕장 유현덕의 삼국지 읽으니
산 넘어가는 해도 잊고 있었네

광부의 인생살이 험하기도 하지만
덕담 와이담 나누는 막장의 점심시간
산속 깊은 지하 동굴이지만 웃음도 있네

산명 : 광덕산(699m)
위치 : 충남 천원군 광덕면

광덕산. 2

광대 패가 찾아와서 한마당 굿을 하네
덕수 넘는 꼬마 녀석 재주도 좋아
산돼지 가면 쓴이 돼지 몰골 그대로고

광원으로 독일 가서 돈을 모으고
덕 있는 사람 되고자 공부를 열심히 해서
산천이 아름다운 조국에 돌아왔네

산명 : 광덕산(1,046m)
위치 : 경기 포천군 이동면

구나무산

구두를 신어보니 신사가 된 것 같네
나막신 고무신에 안 신어본 게 없는데
무게 없고 가벼운 건 미투리가 최고이지
산에 갈 때 신어보면 가시에는 무방비야

구슬치기 하다 보면 해 저문 줄 모르고
나가라고 꾸중 들어 빌기도 해보지만
무엇에 홀렸는가 다음날도 다시 하니
산 넘어 지는 해를 원망도 하여본다

산명 : 구나무산(858m)
위치 : 경기 가평군 북면

구룡산

구름이 몰려오고 사방이 캄캄하고
룡이 승천하는지 천둥번개 진동한다
산기슭 초가집은 숨죽인 듯 가물가물 호롱불

구슬르고 구슬려서 화가 친구 꼬여서
룡이 승천하는 그림을 얻고 나서
산수가 아름다운 고향마을도 그려주라 해야지

산명 : 구룡산(995m)
위치 : 강원도 영월군 수주면/서만이강변

구봉대산

구식으로 살다가는 촌사람이라 불린다
봉변당할 수 있겠지만 옛것도 좋은 것 있다
대대로 내려오는 충효 사상 어떠한가
산밑에 고향마을 포근하기 그지없다

구름이 자유 얻어 이리저리 노는구나
봉우리에 걸터앉아 산천을 구경하며
대나무밭 산기슭에 싱싱하게 뻗었는데
산허리에 소나무숲 대숲 때문 싱싱하네

산명 : 구봉대산(1,218m)
위치 : 강원도 영월군 수주면

구절산

구경삼아 등산길에 정상에 오르려니
절명하기 일보 직전 숨이 차서 죽겠으니
산신령님 살피소서 산을 위해 살겠으니

구름같이 모인 군중 민주화를 외치는데
절대다수 원한다면 안되는 일 있겠는가
산처럼 버티려면 국민위해 일하소서

산명 : 구절산(750m)
위치 : 강원 춘천군 동산면

군자산

군소리하지 않고 맡은 일 할라치면
자기의 업무능력 저절로 향상되고
산적한 일들도 줄어들게 마련이지

군대는 가야 하고 어쩔 수 없어서
자원입대하였더니 훈련이 고돼 구나
산토끼 기합은 안 했으면 좋겠는데

군대생활 지쳐서 제대를 하고 보니
자금이 부족하여 장사도 못하겠고
산 노루 잡던 시절 그때가 좋았다

산명 : 군자산(948m)
위치 : 충북 괴산군 칠성면

귀떼기청봉

귀를 스쳐 지나가는 모기들의 행진인가
떼를지어 날아가니 윙윙 소리 요란하다
기름마저 떨어졌나 호롱불도 가물가물
청정 하늘 별님 나도 어둡기는 마찬가지
봉놋방 신세 지니 괄시또한 이만저만

귀가시간 지났으니 집에 가자 하였지만
떼를 쓰며 더 놀자니 어찌하면 좋을꼬
기가 차고 매가 차고 안절부절 하여봐도
청석골의 꺽정인가 팔뚝 힘이 장사이니
봉변 보기 일보 직전 112에 전화하자

산명 : 귀떼기청봉(1,707m)
위치 : 강원도 인제군

금강산

금도끼로 찍어 만든 옥 병풍을 둘렀구나
강풍을 견디자니 기암괴석 되었겠지
산골마다 물소리가 풍악으로 들리누나

산명 : 금강산(1,638m)
위치 : 북한 강원도 고성군

금주산

금주를 하려고 단단히 마음먹었건만
주위친구 권주에는 피할 수가 없구나
산전수전 다 겪은 놈이 왜 금주는 안 될까

금년에는 금연하기로 작정을 했는데
주위 사람 피우면 나도 몰래 피우지
산속의 맑은 공기 몸에도 좋다는데

산명 : 금주산(569m)
위치 : 경기도 포천군 영중명 금주리

금학산

금일은 산 가는 날 시산제 드리는 날
학같이 오래 살고 천 년을 이어가며
산신령님 모신다면 무병장수하리라

금실이 좋은 부부 자식 걱정 하겠는가
학수고대 기다리는 대손 걱정 없을 거요
산신령님 점지하니 자식 복록 장락 만년

산명 : 금학산(947m)
위치 : 강원도 철원군 동송읍

길매산

길 잃은 나그네 봇짐이 무겁구나
매마른 겨울에는 한 방울 물도 없고
산그늘 쳐다보며 저녁 끼니 걱정하네

길고 짧은 것은 재어봐야 알고
매웁고 짠 것은 먹어봐야 알고
산다는 것은 결혼해봐야 알지

산명 : 길매봉(735m)
위치 : 경기도 포천군 일동

남대봉

남자로 태어나서 무엇이 될고하니
대통령은 어려워도 이름 석 자 남겨야지
봉이 선달 그 사람도 이름 석 자 남겼잖나

남들이 한다니까 너도나도 따라 하네
대범하게 생각하고 주관을 세워야지
봉급 적다 하지 말고 하고 싶은 일을 하자

산명 : 남대봉(1,181m)
위치 : 강원 원주군 판부면

노인산

노래하고 춤추고 즐겨보는 야유회에서
인정 많은 내님은 많이도 장만했네
산나물 무친 것이 그중의 최고별미

노름판에 끼어드니 담배 연기 자욱하고
인정이란 어디 가고 두 눈이 호랑이라
산채의 두목들이 모두 모여 눈알 굴리네

산명 : 노인봉(1,338m)
위치 : 강원 명주 연곡/소금강

노추산

노나라 성현은 공자님이시고
추나라 성현은 맹자님이시니
산인(山人)이여 그대도 자연에 동화되라

노랫가락 흘렀을까 시조한 수 읊었을까
추측건대 설총이 공자 왈 맹자 왈
산정의 이(二)성(聖)대(臺)에 성현들의 숨소리

산명 : 노추산(1,322m)
위치 : 강원도 강릉시 왕산면

대금산

대통령 자리 편하겠나 소(小)산(山)이 얼 켰는데
금방 석이 가시방석 일 년을 어찌 살꼬
산전수전 정치구단 푸는 재주 몇 단일까

대충대충 일하면서 마음 편히 놀아가며
금주할 필요 없다 적당히 취하면서
산도라지 안주 먹고 각시 손목 잡아보자.

대를 이어 물려받은 내 나라 조국강산
금수강산 좋을시고 어디 가도 어머니 품
산나물 먹어보면 신토불이 그 맛이지

대롱대롱 금방울 이슬 먹은 개나리
금분으로 단장하고 아지랑이 만나시네
산들바람 불어오니 마음마저 싱숭생숭

산명 : 대금산(704m)
위치 : 경기도 가평군 두밀리

대둔산

대머리 사람들은 조심해야 할게 있다
둔기로 내려치면 직접피해 크시겠지
산에서 수도스님 그런 걱정 안 하실까?

대단한 행사에 너나없이 분주하다
둔하게 꾸물대니 꾸지람이 빗발치네
산돼지도 급할 때는 비호같음 알아라

산명 : 대둔산(877m)
위치 : 전북 완주군 운주면

대룡산

대통운수 바라면서 머리 숙여 비는구나
룡바위 영험하니 너나없이 절을 하고
산바람 추위에도 아랑곳 하지않네

대를 이을 자식 하나 점지하여 주시라고
룡왕님께 빌어 빌어 열 달을 기다리니
산파할매 문을 열고 아들이라 소리치네

산명 : 대룡산(899m)
위치 : 강원도 춘천시 동내면

대미산

대리운전 시켜가며 술 한잔 거나했네
미련 술 되었다간 월급날은 눈물 난다
산 오르며 땀 흘리듯 일하는데 신경쓰자

대학에는 가야겠고 공부는 되지 않고
미역국은 먹지않게 정신을 차려야지
산란한 마음부터 다잡으며 공부하자

산명 : 대미산(1,115m)
위치 : 제천시 덕산면

대청봉

대한의 산인이면 이곳은 와봐야지
청년 시절 오를 때도 힘들지 않았는데
봉우리만 쳐다봐도 현기증이 나네

자연의 품속은 언제나 포근하고
청하지 않았지만 내가 너무 좋아서
봉우리 밟으면서 설악을 즐긴다

산명 : 대청봉(1,708m)
위치 : 강원 양양/주전골 오색

덕숭산

덕망 있고 현명하신 고을 원님 계신 곳에
숭상하는 어진백성 마음인들 오죽하리
산천이 변하여도 송덕정신 길이남지

덕으로 치정 하면 만백성이 태평하고
숭앙하는 마음으로 맡은 일에 전심하니
산촌의 가을마당 풍년일세 둥실둥실

산명 : 덕숭산(495m)
위치 : 충남 예산군 덕산면

덕유산

덕장에 걸린 명태 운명한 번 기구하다
유명하게 이름 얻어 명품되려 하였는데
산골에 처박혀서 모진 풍상 겪는구나

덕수한번 잘못 넘어 디스크가 생겼구나
유연하게 넘었으면 그럴 리는 없지마는
산행하는 산꾼에겐 칡넝쿨이 다리잡지

산명 : 덕유산(1,614m)
위치 : 전북 무주군 설천면

덕주산

덕을 쌓고 베풀 면은 외롭지가 아니하며
주인인심 후하면 식솔들이 편안하고
산소자리 잘 잡으면 후손이 번창한다

덕 있는 안방마님 남편공경 극진한데
주안상을 준비하여 아랫목에 차려놓고
산책가신 서방님 돌아오시길 기다린다

산명 : 덕주산(봉)(980m)
위치 : 충북 중원군 상모면

도락산

도마를 위생상 깨끗이 하려면
락스로 소독하고 햇볕에 말려서
산뜻한 기분으로 다시 사용해야지

도저히 참지 못해 화장실 드나드네
락테올 생각나서 찾아 먹으니
산사태 같은 설사가 뚝 하고 그쳤지

산명 : 도락산(964m)
위치 : 충북 단양군 단성면/대강면

도마치봉

도루 아미 타불 망쳐진 일들도
마음먹기 나름이지 다시 시작해봐
치맛자락 붙드는 어린아이 아니지

도무지 알 수 없는 아버지에 성화에
마음을 정하지 않고 장가를 갔는데
치장한 신부가 오니 나도 모르게 가슴이 두근소

산명 : 도마치봉(937m)
위치 : 경기도 포천군 이동면 백운계곡

도명산

도토리 모으려고 다람쥐 바삐 뛰고
명경같이 맑은 물엔 고기들이 입 맞추고
산머루 익어가니 산새들이 웃고 있다

도마뱀이 눈알을 굴리면서 먹이를 찾는데
명확하게 잡지 않으면 먹을거리가 걱정이라
산기슭 개울가를 이리 뛰고 저리 뛴다

도토리 줍는다고 산속을 헤매다가
명찰의 입구에서 발걸음 멈추며
산사의 목탁소리에 합장하고 섰구나

산명 : 도명산(642m)
위치 : 충북 괴산군 청천 화양9곡

도봉산

도시주변 천하명산 세계에서 제일이네
봉마다 야호소리 서울 하늘 물드는데
산 오른 등산객들 희희낙락 즐기누나

도라지 더덕 내음 산자락을 품어 안고
봉마다 야호소리 서울하늘 울리는데
산 넘어 지는 해가 발걸음을 재촉하네

산명 : 도봉산(739.5m)
위치 : 서울특별시 도봉구

두루봉

두목에게 대접이 이래서야 되겠는가
루이 13세 양주를 대령하라 일러라
봉긋한 가슴인 나이 어린 각시까지

두루두루 찾아봐도 각시는 없구나
루즈를 바르고 분 화장한 기생뿐인데
봉변을 당해도 데리고는 가봐야지

산명 : 두루봉(494m)
위치 : 충북 보은군

두위봉

두당으로 값을 치니 먹기나 하자꾸나
위에 구멍 난다 해도 술값에는 변동 없다
봉이 생겨 먹는 거니 걱정할 일 뭐 있겠나

두루뭉실 생겼는 게 덩치 하나 좋을시고
위로 보나 아래 봐도 잘생긴 곳 하나 없네
봉긋한 젖가슴도 너무 커서 탈이로다

두리번두리번 여기가 어디일까
위치는 알 수 없고 먹은 술이 깨지 않네
봉 잡힌것 아닐진대 주머니돈 한 닢 없네

두루마기를 걸쳐입고 양반걸음 저 나그네
위엄도 있어 뵈고 풍채도 좋으신데
봉변당한 일이 있나 두루마기 엉망이네

산명 : 두위봉(1,466m)
위치 : 강원도 정선군 신동읍

두타산

두드리고 두드려서 좋은 음색 만들고
타고난 재주있어 음악가로 변신하고
산타 같은 좋은 일도 사람 되어 많이 하리

두서없이 말했더니 설명이 엉망이네
타고난 말재주 없어 몸으로 때우는데
산다니 든 경력 있어 견뎌내기 그만하네

산명 : 두타산(1,352m)
위치 : 강원도 동해시 삼화동

마니산

마주앉은 나의 사랑 어여쁜 그대여
니가좋고 내가 좋아 애끓는 사랑에
산을 넘고 강을 건너 둘이라면 어디라도

마음 맞는 친구들과 선술집 찾아가서
니나노 얼싸 좋아 막걸리 한잔들고
산 넘어 해 저문대 집에 갈 생각 않네

산명 : 마니산(469m)
위치 : 경기도 강화군 화도면

마이산

마음도 편안한 넓은 들판 한참 지나
이마에 손가리고 산봉우리 올려보니
산 모양이 당나귀 귀 목탁소리가 귀 울리네

마하반야바라밀다 염불 소리 나는 산
이마가 확 트인 대머리 총각같이
산 주인이 베었을까 나무가 하나없네

산명 : 마이산(685m)
위치 : 전북 진안군 마영면

마차산

마지막이라 마음먹고 맞선자리 나갔더니
차 한 잔을 시켜놓고 두 사람이 말이 없네
산란한 이 마음을 아가씨는 눈치챘을까

마음에 두지 않고 맞선 보게 되었다가
차를 타라 하였는데 그랜저가 아닌가
산수갑산 가드라도 시집은 가고 보자

산명 : 마차산(588m)
위치 : 경기도 동두천시 전곡(소요산 서쪽 능선)

만수산. 1

만 가지 수심이 머리를 돌고 돌아
수양이 부족한가 더더욱 괴롭구나
산 좋고 물 맑은 곳 찾아 이 마음 달래볼거나

만년도 못사는 것 우리들 인생인데
수많은 일들일랑 내일로 미루고
산자락 끌어안고 물, 새소리 즐김이 어떠랴

산명 : 만수산(575m)
위치 : 보령군 위산면

만수산. 2

만나면 정이 가고 보고 싶은 그 사람
수수한 옷차림에 매력이 넘치는데
산뜻한 눈망울에 그리움이 넘쳐나네

만 사람의 깨우침을 주시는 부처님
수미산에 득도하여 중생을 구제하나
산속 절간 스님들은 언제나 득도하실까

산명 : 만수봉(938m)
위치 : 충북 제원 한수

만월산

만져보면 잡히는데 임신한 지 몇 달일까
월별로 다르겠지만 지금은 상당히 큰데
산달이 얼마 남지 않아 준비가 걱정이다

만나보기 어려워서 보고 싶어서
월담하여 숨어보니 기척이 없네
산적도 아닌 내가 왜 이 모양이람

산명 : 만월봉(929m)
위치 : 강원도 춘성군 사북면 오탄리

말마산

말도 많은 세상이라 말들은 잘하지만
마음 곱고 착한 이도 많기도 하고
산처럼 큰사람이 나라에 많다네

말리지 않으면 자꾸만 먹는 친구
마지막 한 숟가락까지 남기지 않는구나
산처럼 배가 불러도 자꾸만 먹지

산명 : 말마산(687m)
위치 : 충북 제원군 한수면

망대 바위산

망망대해 떠나면서 푸른 꿈 가져보고
대망의 새 아침에 다시 한 번 다짐하며
바다의 사나이로 태평양을 주름 잡고
위험한 파도에도 우뚝 서는 대한남아
산골에서 자랐지만 바다에도 도전한다.

산명 : 만덕봉(1,016m)
위치 : 강원도 제천군 수산면 상천리

매화산

매정한 친구이지 이럴 수가 있단 말인가
화가 나서 전화하니 자동응답 눌러 놨네
산책 중이니 다시 전화 바란다고, 죽일 놈

매화꽃 활짝 피어 봄소식 알리네
화사한 꽃송이에 잔벌이 꽃잎 물고
산들산들 부는 바람에 그네 타고 좋아하네

산명 : 매화산(1,084m)
위치 : 원선군 소천면, 횡선군 안흥면 경계(치악 구룡사입구)

명봉산

명성이 났다지만 이럴 수는 없는 법
봉변을 당해 보니 머리까지 화가 치밀어
산지사방 헤매면서 그놈만을 찾고 있네

명확한 판단하에 업무추진 신속정확
봉사정신 남다르고 애사정신 투철하니
산업훈장 표창이라 일신의 영광일세

산명 : 명봉산(599m)
위치 : 강원도 원주군 문막면 홍입면

명성산

명월이 휘영청 밝아 눈빛과 어울어놀고
성에는 창가에서 말벗을 찾고 있는데
산사의 풍경소리는 찬바람 싫어 우는가

명령으로 죽고 사는 자유수호 우리 군인
성력으로 자주국방 온 국민 하나 되니
산속에서 매복작전 공비인들 꼼짝하랴

명랑하고 재미있어 가까이 하고 싶어
성명이나 통하자고 선심 쓰며 물어봐도
산전수전 겪었는지 요리 빼고 조리 빼네

산명 : 명성산(923m)
위치 : 경기 포천 영북

명지산

명령에 죽고 사는 공수부대 대원들
지역분쟁 일어나면 생사를 논한다
산악의 특수훈련에도 구슬땀이 보약이다

명당에다 묘를 쓰면 집안이 일어나고
지리에 밝은 풍수 할 일이 많아지니
산천을 헤매면서 명당 찾기 혈안이네

산명 : 명지산(1,267m)
위치 : 경기도 가평군 북면

모락산

모양은 잘생겼는데 궂은 때가 다 묻었네
락스로 닦아보면 번들번들 하겠구먼
산같이 쌓인 빨래 다른 생각 전혀 없네

모래밭에 앉아 놀던 10대들의 짝짝 들
락까페 찾아가서 내 세상인 양 노는 모습
산수갑산 가더라도 먹고 뛰고 놀아보자네

산명 : 모락산(785m)
위치 : 경기도 의왕시 오전동

몽덕산

몽룡이 한양가면 춘향이 어찌할꼬
덕망 있는 집안에 기생며느리 보겠는가
산천이 뒤바뀌고 새 시대가 되어야 할걸

몽실 토실 살찐 돼지 잔치 날에 잡았는데
덕이 될까 포식하니 아랫배가 아프구나
산사태 같은 설사가 염치없이 쏟아지네

산명 : 몽덕산(660m)
위치 : 춘천 사북/샷갓봉

무학산

무작정 상경하여 청운의 꿈을 품고
학생이 되기 위해 밤이면 공부하고
산적한 일 마다않고 일하며 공부하네

무심코 한 마디 던진 말이 화근이 되어
학생주임 들으시고 대노하여 벌주는데
산토끼 벌을 주니 참아내기 힘이 드네

산명 : 무학산(봉)(800m)
위치 : 강원도 화천군 사내면 광덕리

미륵산

미련하게 이것저것 많이도 준비하고
륵꾸사꾸 둘러메고 앞산을 올라가니
산정상 앞에 두고 온몸이 땀범벅이라

미련하게 이산 저산 3행시를 짓다 보니
륵자 단어 궁하여서 눈을 굴리네
산수공부 적게 하고 국어공부 더 할걸

산명 : 미륵산(689m)
위치 : 강원도 원주군 귀래면 운계리

민둥산

민심이 흉흉하니 모두 좌불안석
둥둥둥 북소리에 난리 난 줄 아는구나
산 굿하는 무당이야 그런 생각 하겠는가

민족의 기상을 세계로 나가게
둥둥둥 울리어라 이 민족의 가슴에
산 좋고 물 맑은 곳 이 강산 최고라네

산명 : 민둥산(1,023m)
위치 : 경기 포천시 이동면

바라산

바라건대 원하건대 서민 생활 편케 하소
라면으로 생활하는 저소득층 생각하소
산다는 게 무엇인지 먹게라도 하여주소

바람에 흩날리는 꽃잎들의 축제인데
라일락의 그 향기는 누구 품에 묻어두나
산란한 마음 알이 풀어줄이 누구일까

산명 : 바라산(428m)
위치 : 경기 의왕시 용인 수지읍

발교산

발로 뛰는 시대에서 머리 굴려 살아봐라
교통환경 좋아지면 차로뛰면 돈을 번다
산타페 굴려봐라 힘 안 들고 편안하지

산명 : 발교산(998m)
위치 : 강원 횡성군 청일면

발왕산

발포벽지 공작지로 도배를 하고
왕골로 짠 돗자리 깐 시원한 방에서
산 높은 고랭지 수박 한 통 먹어보았으면……

발로 부지런히 뛰면 돈은 벌 수 있겠지
왕창 돈을 벌어서 어려울 때 이야기하며
산세 좋은 곳에다가 별장 짓고 살아보자

산명 : 발왕산(1,458m)
위치 : 강원도 평창군 도암리

백둔산

백방으로 수소문하여 노름방을 찾아드니
둔갑하는 재주가진 놀음꾼에 못 당하겠다
산 더덕 나물 판돈 오간 데 없어졌네

백 가지 어려운 일 풀기가 힘들지만
둔하다고 하지 말고 노력으로 전진하세
산처럼 쌓인 일도 눈처럼 풀려지리라

산명 : 백둔산(974m)
위치 : 경기도 가평군 북면 백둔리

백봉산

백 마디 말보다도 한 가지 실천이 중요하다.
봉을 잡을 생각 말고 노력으로 쌓아 가면
산봉우리 쳐다보며 한탄하지 않아도 돼

백미를 몇 가마 준비하고 있었는데
봉사하는 라이온스 클럽에 희사를 하니
산더미 같은 라면보단 훨씬 좋다네

산명 : 백봉산(590m)
위치 : 경기도 남양주군 미금/화도

백악산

백 개의 산을 가다 보니 세월이 구 년
악수하며 만난 친구 옛 모습 그대로고
산에서 정들어버린 서예인 산우들

백번을 산을 타도 즐겁고 좋은 듯
악한 산과 순한 산이 고루 있으니
산행하는 우리들은 웃음이 활짝

산명 : 백악산(858m)
위치 : 경북 상주/충북 괴산

백운산. 1

백만군사 길러봐도 훈련 없인 무용지물
운동권 학생들은 정신교육 다시 하고
산악훈련 특수훈련 그 길만이 강군육성

백도라지 캐러 나선 성품 착한 삼돌이
운수 좋게 산중에서 산삼을 케어들고
산신령님 고맙다고 엎드려 절을 하네

산명 : 백운산(904m)
위치 : 경기도 포천군 이동면

백운산. 2

백번 천번 찾아가도 싫지 않는 산이기에
운명을 다할때까지 찾아감을 좋아한다
산자락에 묻히는 것 당연하지 않겠는가

백성이 괴로우면 위정자는 욕먹는다
운수대통 바라면서 백성은 복권산다
산에 가서 빌어봐도 복권당첨 허탕이다

산명 : 백운산(1,081m)
위치 : 강원도 원성군 흥업리

번암산

번지 없는 주막이 술맛이 좋다기에
암탉 한 마리 시켜놓고 박주를 들이키니
산장의 술맛보다 그 더욱 좋을시고

번쩍 쳐드는 산돼지의 흙 주둥이
암만 봐도 콧구멍이 보이지 않네
산골의 감자를 파먹다가 흙으로 메워졌나

산명 : 번암산(832m)
위치 : 강원 화천 사내/사창리

복주산

복조리 사는 마음 적선이라 생각하고
주머니 속 모은 동전 새지 않고 털어주면
산가는 마음같이 즐거웁고 편안해라.

복숭아가 익어가니 연지 바른 각시 같네
주렁주렁 달린 모습 어미젖문 아기 같고
산자락에 복숭아밭 처녀 총각 뽀뽀장소

복스럽게 생긴 돼지 우리 아이 저금통
주워 넣고 얻어 넣고 열심히 모았는데
산산이 찢어졌네 어느놈의 장난일까

복잡하게 얽힌 일도 풀어가면 간단하다
주위 사람 의견 들어 차근차근 노력하면
산더미 같은 일이라도 결과는 좋으리라

산명 : 복주산(1,152m)
위치 : 강원도 철원군 근남면

봉미산

봉급을 두둑히 받고 보니 기분 좋아서
미련하게 술친구와 밤을 새웠는데
산기 있는 아내는 남편만 찾았다네

봉봉 쥬스 한 병을 싸들고 집으로 가니
미안하고 죄송해서 고개를 못 드는데
산모의 눈가에 이슬이 맺힌다

산명 : 봉미산(856m)
위치 : 경기 양평 달월/강원 홍천

봉수산

봉변을 당하지 않고 멋있게 살려면
수신제가부터 하여야 하지
산수 좋은 곳 찾는 것도 수신이 되지

봉급을 타고나면 돈 쓸 곳이 많아
수입 지출 밸런스가 맞지를 않네
산수공부 못했더니 셈이 둔 하구나

산명 : 봉수산(484m)
위치 : 충남 예산 대흥/예당

봉화산

봉사하는 생활습관 자식에게 가르치고
화려한 생활보다 근검절약 생활하고
산에 가서 자연학습 인내 정신 길러야지

봉급이 적어졌다 불평만을 하지말고
화가나서 한잔했다 그것도 잘못한일
산같이 품어안는 큰마음 가지소서

봉긋봉긋 생긴 능선 수려하고 아름답다
화사하고 따뜻함이 어머니의 품 안 같고
산자락 찾아들면 고향마을 그 품이네

봉이 선달 그 양반이 말솜씨가 대단하여
화사한 봄꽃피듯 만 사람을 녹이는데
산전수전 다 겪어도 선달 양반 못 당하네

산명 : 봉화산(736m)
위치 : 강원 춘천시 신북읍

북바위산

북극을 찾아가니 백곰도 많네
바위 위에 올라앉아 눈을 감고 있지만
위엄있는 포효에 간담이 서늘하고
산더미 어름 바위 오르기도 잘도하네

북을 치는 사물 패는 신명도 많지
바보 노름 춤을 추니 웃음이 절로 나고
위험스런 줄타기에 간장이 저리는데
산대놀이 더하여서 재미도 있네

산명 : 북바위산(772m)
위치 : 충북 중원군 상모면

북배산

북엇국은 숙취를 풀어주는 데 최고이지
배부르게 한 그릇 하면 속이 시원한데
산소 공급받고도 깨지 않는 놈은 술독에 빠진 놈

북녘의 인민은 이밥 먹는 것이 소원인데
배부르게 먹기는 고사하고 구경도 못해
산나물 죽이라도 많이 먹는 게 지금의 소원

산명 : 북배산(867m)
위치 : 경기도 가평군 북면

북한산

북소리 둥둥둥 한강의 거북선
한수 이북 압록강에 나 들어 갈 때
산천이 하나 되어 큰 지도 되는 날

북녘을 바라보는 고향그리움
한평생 한이 되게 두고 온 형제들
산이 높아 못 가는가 강이 깊어 못 가는가

산명 : 북한산(836m)
위치 : 서울 도봉/인수

북한산(상장봉)

상놈이 하는 짓이라 꾸짖는 부모님
장사라고 한다는 것이 식육점이라서
봉변을 당하지만 돈을 벌어야지

상상도 할 수 없는 못된 일들을
장성한 자식 놈이 하고 있으니
봉변당하는 이내 몸은 어찌할거나

산명 : 상장봉(543m)
위치 : 경기도 고양/ 우이동

불곡산

불러 봐도 대답 없는 돌아가신 부모님
곡을 하고 통곡해도 말씀이 없구나
산골 양지바른 곳 따뜻해서 잠이 드셨나

불멸의 곡 만들려고 온갖 정성 드리는데
곡명은 짓지 않고 피아노만 두드리니
산만하던 머리가 맑아지고 영감이 오네

산명 : 불곡산(470m)
위치 : 경기도 의정부 유량리

비단산

비가 오지 않아 농부 마음 갈라진 논밭 같고
단비를 내려주길 지극정성 빌어보고
산신제 지내고도 효험이 없어 한숨만

비가와도 너무 와서 그치기를 갈망하네
단숨에 내린 폭우 농경지를 쓸고지나
산마다 골프장이니 홍수밖에 더 있겠나

비가 오나 눈이 오나 자식 생각 젖어있어
단잠을 자다 보니 꿈에서 보이누나
산돼지 잡는다고 이리 뛰고 저리 뛰고 아들녀석 법석이네

산명 : 비단산(843m)
위치 : 경기도 가평군 상면

사명산

사정이 어떻게 되었건 그것은 변상해야 해
명분이 서지 않으니 개인 부담 할 수밖에
산책하며 생각해봐도 묘수가 없구나

사정거리 들어왔는데 어떻게 해요
명령이 하달될 때까지 기다려야 해
산전수전 다 겪은 내가 기다려야 하나

사랑한다 고백할 땐 무엇이든 다하더니
명령조로 반말이니 더럽고 치사하다
산하고는 결혼해도 너하고는 끝장이다

산명 : 사명산(1,198m)
위치 : 강원도 양구군 양구읍

사야산

사랑하는 사이라 자꾸만 보고 싶어
야심한 시간인데 헤어지질 못하고
산에서 들려오는 늑대울음에 무서워 떠네

사냥하는 젊은이여 나 좀 보고가소
야무지게 생긴 어깨 불룩 나온 근육 가슴
산골 사는 아낙네가 딴마음 생겼나요

산명 : 사야봉(778m)
위치 : 강원도 춘성군 사북

사패산

사랑이란 이름 아래 이 여자 저 여자 건드리니
패가망신 하려면 무슨 짓을 못 하겠나
산골 처녀 앉히면 집안 걱정 없다네

사나이 대장부 할 일도 많아
패기가 왕성해서 안 되는 일 없지
산삼을 안 먹어도 힘이 넘치네

산명 : 사패산(552m)
위치 : 경기 양주 장흥

산로산

산에 가면 얼굴이 검게 탈까 봐
로션을 바르고 그 위에 또 발랐는데
산행 중에 땀이 나서 도루 아미 타불

산속 계곡 물 좋고 바위 있는 곳 자리 잡아
로들강변 한가락에 신바람이 나는데
산사의 스님들은 무얼 하고 있으실까

산명 : 산로산 (490m)
위치 : 충남 예산. 서산

삼악산

삼천리 방방곡곡 유람을 하며
악수 나누며 만나보면 모두가 좋아
산천이 좋으니 인심이 좋을 수밖에

삼수하는 아들놈이 올해는 끝장이래
악착같이 해보지만 성적이 오르지 않아
산수공부 않겠다고 하던 어린 시절 알아보았지

삼천리 어디 가나 등선폭포 또 있겠나
악보 없이 연주해도 듣기 좋고 시원하다
산마다 있겠는가 찾은 김에 놀다 가세

산명 : 삼악산(645m)
위치 : 강원 춘천 서면/강촌

상봉산 (석모도)

상수리와 바다 해송 파도소리 즐겨듣고
봉마다 걸쳐 놀던 흰 구름은 어디 가고
산들바람 아양 떨며 옷소매를 파고드나

상대방이 기분 좋게 말 한마디 친절하자
봉사하는 마음으로 하루를 보낸다면
산토리 한잔에다 대접까지 받으리라

산명 : 상봉산(316m)
위치 : 경기 강화군 삼산면

샛등봉

샛강을 살리자고 아우성 들인 데
등 돌리고 오염물질 마구버리네
봉변 당하고 나서나 정신 차릴까

샛빨간 거짓을 밥 먹듯 하는 이
등신이 아니면 누가 속기나 할까
봉이 김선달은 대동강 물 어떻게 팔았지

산명 : 샛등봉(885m)
위치 : 강원 화천군 사내면

서운산

서른이 되어서도 시집 못간 새 처녀
운수 보는 점쟁이가 시집간다 하였는데
산에서 만난 총각 내 낭군이 아니실까

서울에 올라와서 사업기반 잡았는데
운전기사 둘 정도면 성공한 게 아닐까
산골에서 자랐어도 기죽지는 말아야지

서러워 하지 마라 오대산 못 갔다고
운이 없어 그러하니 다음을 기다리라
산가는 우리는 마음을 비운다네

산명 : 서운산(547m)
위치 : 경기도 안성군 서운면

석룡산

석양 들자 주위가 갑자기 어두워지더니
룡이 승천하는지 하늘이 진동하고
산이 울리면서 검은 구름 사이 번개가 번쩍

石蘭을 앞에 두고 생각 속에 잠기시다
룡포 자락 펄럭이며 자리에서 일어나니
산천이 움직이고 온 백성이 움직인다

석탑이 아름답게 칠 층으로 단장하고
룡이 승천하는 벽화가 그려지고
산사의 대웅전은 장엄하고 웅장도 하네

석어가는 나뭇가지 옛 풍상을 말하는데
룡머리 닮은 가지 그중에 제일이라
산속의 이런 배경 혼자 보니 아쉽구나

산명 : 석룡산(1,155m)
위치 : 경기도 가평군 북면 용수동

선운산(禪雲山)

선하고 착한 생각 생활 속에 가득하니
운수대통 생각 않고 하나둘 착실하니
산거(山居)하는 스님인들 빌어주지 않겠나

선선한 솔바람 구름 타고 두둥실
운개도 따라나서 산봉우리 안고 돌아
산 오르는 등산객은 이리 갈까 저리 갈까

산명 : 선운산(207m)
위치 : 대전시 서구 도안동

선자령

선친의 가르침은 너무나 엄하셨고
자상한 자식 사랑 누구보다 크셨지만
령이아닌 일을하면 회초리도 불사하지

선들바람 젖어드니 푸른 잎들 붉어지고
자락마다 단풍드니 밤송이도 알몸 내고
령넘어 들판에는 황금벌 풍년이네

산명 : 선자령(1,157m)
위치 : 강원도 평창군 도암면

설악산

설레는 가슴 안고 대청봉에 올라보니
악수하는 등산객들 너나없이 십년지기
산에 와서 만난 친구 호연지기 길러보세

설렁 이는 단풍잎 파란 하늘 춤을 추고
악착같이 오르려니 맑은 날에 옷이 젖네
산봉우리 올라서니 대청봉이 헐떡인다

雪夜에 오순도순 모여앉아서
악보 없는 구전 노래 같이 부르니
산촌의 정취가 더없이 좋구나

산명 : 설악산(1,707.86m)
위치 : 강원도 인제군

성인봉

성난 파도 하나 없고 호수같이 잔잔하다
인심이 좋아선가 미소 띤 얼굴들이다
봉긋봉긋 솟은 바위 기기 모모 장관이다

성지가 따로 없다 환경오염 전혀 없다
인구도 많지 않고 깨끗해서 더욱 좋다
봉고 타고 해변 일주 섬 구경도 재미있네

산명 : 성인봉(984m)
위치 : 경북 울릉도

성지산

성심성의 다하는 일 안 되는 일 있겠는가
지성으로 모시면 탓할 사람 없으니
산사에서 조상 빌면 조상 음덕 받게 되리

성낸다고 안 되는 일이 되지 않으니
지혜로운 사람이면 참을 줄 알며
산을 오르듯 끈기 있게 참으며 살자

산명 : 성지봉(791m)
위치 : 강원도 횡성군 서원면

세태산

세상사 논하다가 시비하기 일쑤인데
태양이 떠오르는 한 시비 없는 날 있겠나
산사 찾아 기도하고 마음 비워 평정 찾자

세월이 흘러가니 젊은이는 노인 되고
태어나고 죽어감은 인간사의 한 면인데
산수갑산 갈 때까지 오늘만은 최선이다

산명 : 세태산(460m)
위치 : 경기도 남양주시 오남읍

소리산

소신을 가지시고 매사를 처리하라
리드하는 자기태도 앞서 가는 사람 된다
산적한 일 있어도 생각하면 해결된다

소리의 명창들의 발표회가 있는데
리허설을 철저히 준비한 덕분에
산천이 울리는 멋진 곡이 발표되었지

산명 : 소리산(479m)
위치 : 경기도 양평군 단월면 석산리

소백산

소나무 낙락장송 늘 푸름 더해주고
백로는 무슨 생각 장송에 앉았는가
산 너머 산이로다 어찌 갈까 걱정하니

소리내어 불러봐도 대답없는 어머님
백발의 흰머리 애달프게 남겨두고
산자락 누우신 곳 편안하면 좋으련만

소달구지 시골 길을 덜컹대며 집 찾는데
백구는 미리 와서 소나무에 자리 틀고
산마루 올라 도는 굴뚝 연기 어디 가나

산명 : 소백산(1,439m)
위치 : 경북 영풍군 풍기읍

소요산

소록소록 내린 비가 선녀 폭포 물보라로
요동치는 물 가족을 선녀탕에 잠재우고
산그늘 드리우니 술맛 한번 새롭구나

소곤소곤 말소리가 귓가를 스치는데
요리조리 살펴보니 공비임이 틀림없다
산악훈련 받은 내가 육탄으로 잡아보자

소나무 아래에는 바윗돌 하나 없고
요령 있게 그 밑으로 비트를 장만하여
산속에서 숨었다가 북방으로 도주했네

산명 : 소요산(570m)
위치 : 경기도 동두천시

속리산

속지말라 일렀건만 어찌 된 영문인지
리드하는 분위기에 꼼짝을 못하고
산토리 한잔 술에 그만 홀딱 넘어갔네

속속 출발 정상으로 엉덩이 빼실 빼실
리본을 달았으니 길 찾는데 걱정 없고
산 사나이 기상에 꼴찌는 말아야지

산명 : 속리산(1,057m)
위치 : 충북 보은군 내곡리면

수락산

수월한산 어디 있나 땀 흘려야 정상가지
락카페 찾아들어 맥주 한잔 즐겨보세
산 오를때 힘든 생각 씻은 듯이 사라지네

수세미로 닦아봐도 지워지지 않았는데
락스로 문지르니 감쪽같이 없어지네
산골 처녀 시집와서 신기한 것 보는구나

수능시험 끝이 나니 긴장이 풀려서
락까페 들어가서 맥주 몇병 시켜놓고
산유화 불러보니 분위기는 맞지 않네

산명 : 수락산(637m)
위치 : 서울시 노원구

수래산

수학여행 떠나려고 기차역에 모였는데
레일 위의 기차는 초만원에 찜통이라
산 찾아가는 것이 시원하고 좋을텐데

수그리고 앉아있는 꼬마 녀석 빛난 눈빛
래고 장난감을 몰아놓고 잘도 논다
산수 공부하는 건지 1, 2, 3, 4 잘도 맞추네요

산명 : 수리산(513m)
위치 : 강원도 횡선군 서원면

신선봉

신기루를 이루는 동양의 철학이
선배들의 연구에도 오묘한 진리 담겨
산수 좋은 곳에 가서 주역공부 하여볼까

신세타령하지 말고 자기능력 계발하여
선천적 자기소질 무엇인지 찾아보고
봉 높다 하지 말고 한 걸음부터 시작하자

신기하다 묘하도다 조각인가 바위인가
선녀가 내려와서 춤추며 놀만한 곳
봉마다 선학 날아 아름다운 한 폭 그림

산명 : 신선봉(968m)
위치 : 충북 증원군 상모면

신선봉(설악)

신비하게 생겼구나 곰바위 넓적바위
선녀들이 놀았을까 신선들이 놀았을까
봉마다 늙은 노송 구름하고 벗하누나

신문보다 놀란 것이 한두 번이 아닐진대
선수치고 빠지는것 증권투기 전문가들
봉변당할 준비 해라 한번은 허탕친다

산명 : 신선봉 설악(967m)
위치 : 충북 충주시 수안보면

십자봉

십 리 길을 가는 자는 구십 리를 갔더라도
자만하지 않는 자세 오리 왔다 생각하고
봉급 적다 하지 말고 내 힘으로 이겨가자

산명 : 십자봉(985m)
위치 : 강원 원주시 귀래면

쌍학봉

쌍화탕 하나 먹고 몸살감기 약 썼건만
학질에 걸렸는가 이불 써도 덜덜 떠니
봉황탕 녹천탕 더 좋은 것 없을까?

쌍두마차 준비하고 오색풍선 달아놓고
학춤과 하회탈춤 사자춤도 준비하여
봉이 김선달 사회 보면 사또영접 신 나겠나

산명 : 상학봉(834m)
위치 : 충북 보은군

아미산

아지랑이 봄바람 나물 캐는 처녀들
미워도 다시 한 번 옛 애인 생각나서
산자락 굽이돌며 발걸음이 달라지네

아직도 남았는가 보내버린 그 사람
미운 생각 뿌리쳐도 봄바람 탓이런가
산나물 뜯으면서 그 사람만 그리누나

산명 : 아미산(960m)
위치 : 강원 홍천군 서석면

안 산

안심으로 좋은 고기 골라내어서
산적으로 구워주니 입맛이 도네

안심하고 가진 돈을 맡기고 갔더니
산골로 돈 가지고 도망쳤다네

안전거리 유지하며 속력을 줄였지만
산모퉁이 빙판길엔 대책이 없네

산명 : 안산(1,430m)
위치 : 강원 인제/12탕곡

어비산

어머님 건강나빠 자식되어 걱정인데
비가오나 눈이 오나 자식 생각 그어머니
산자락 갈때까지 변함없는 자식 사랑

어지간히 올랐으니 평탄한 길 바라지만
비바람이 찾아와서 괴로움은 더하누나
산오르는것 인생사와 다를 바가 없으리

산명 : 어비산(1,157m)
위치 : 경기도 가평군

연내산

연애하는 젊은 시절 그립기도 하건만
내숭 떨고 바람 맞춰도 마음은 즐거워
산나물 뜯는 체하며 총각 거동 살폈지

연세대 운동장은 데모대의 안식천가
내 아니면 나라가 망하는 줄 외쳐 대지만
산발하는 최루탄에는 제일 먼저 도망친다

산명 : 연내산(782m)
위치 : 충북 중원군 한수면

연엽산

연민의 정이 담긴 편지를 보냈더니
엽서에다 만나자고 회신이 와있어
산토끼처럼 좋아라 깡충깡충 뛰고 말았지

연애하던 좋은 시절 둘이 만나면
엽차 한잔 앞에 두고 몇 시간 담소하고
산책하며 손잡던 때 제일 좋았지

산명 : 연엽산(850m)
위치 : 강원도 춘성군 동산면

연인산

연애하면 재밌다고 친구들이 하는 소리
인생에서 중요한 것 재미보다 성공이지
산 오르는 마음으로 방향을 잡아야지

연세 많은 산 사나이 언제까지 산을 갈까
인생은 일장춘몽 건강할 때 즐겁게
산 다닌다고 과신 말고 먹은 떡국 생각하라

산명 : 연인산(1,068m)
위치 : 경기도 가평군 백두리

오대산 (비로봉)

오묘한 기암괴석 홀로 섰는 저장송
대숲은 아래에 깔려 한폭의 그림인데
산허리 도는 저승은 생각없이 걷고 있나

오솔길 오르다가 옹달샘에 찾아드니
대나무 홈통 타고 흐르는 숨 가쁜 물
산새 소리 어우러져 물맛 또한 일품 일세

오늘내일 기다리다 그리운님 만나보니
대쪽같이 말랐으니 무슨 변고 있었는가
산다니며 산다더니 기생집에 있었는가

오지말라 하였는데 기다려짐이 웬일인고
대문으로 눈이 가니 사랑에 빠졌는가
산란한 이내 마음 그대와야 달래질까

산명 : 오대산(1,563m)
위치 : 강원 평창 진부

오봉산 (서울 도봉 옆)

오빠 동생 하던 사이 둘이서 붙어 놀고
봉긋한 앞가슴은 시집갈 처녀같네
산신령님 영험하니 함부로 놀지마라

오늘따라 날씨 좋고 많은 사람 참석하여
봉마다 큰 바위는 모가 나고 둥글둥글
산이란 어찌하여 멋대로 생겼는가

산명 : 오봉산(530m)
위치 : 서울특별시 도봉구

오봉산. 2

오늘따라 쪽빛 하늘 구름 한 점 없구나
봉마다 기암이라 신선이 노닐던 곳
산정의 청송을 천년세월 길다 하라

오지의 분교에서 초등학생 가르치니
봉사정신 기쁜 마음 맑고도 푸르다
산사의 스님같이 비운 마음 크시리라

오늘따라 옥빛 하늘 내려앉아 졸고 있고
봉우리에 걸쳐 놀던 흰 구름은 어디 가고
산정의 굽은 노송 천년세월 푸념 없네

산명 : 오봉산(779m)
위치 : 강원 춘천시 북상면

오봉산. 3

오똑한 콧날에 얼굴도 미인인데
봉긋한 앞가슴은 향기를 내뿜고
산뜻한 머릿결은 버들가지 같구나

오늘은 무얼 할까 이쁘게 몸단장하고
봉선화 꽃잎 따서 손끝에 물들이고
산머루 따러 가서 삼돌이나 만나볼까

오시자마자 가겠다는 그러던 그님
봉선화 꽃 활짝 핀 뜰 밖 우물가에서
산란한 마음 달래려니 눈물만 나네

오랜만에 나의 시간 산책을 나서며
봉봉 쥬스 하나 들고 한가히 걷고 있는데
산새들이 벗인 양 노래하며 따라들 오네

산명 : 오봉산(1,126m)
위치 : 강원도 평창군 방림면

오서산

오며 가며 담소 하며 서로서로 정 나누고
서울 살며 산가는게 쉬운일은 아니지만
산에 가면 편한마음 안 가본이 어찌알리

오지 않는 님이지만 한시도 잊지 않고
서운한 마음이야 오죽이나 하겠는가
산란한 마음일 땐 서예 하며 달래누나

산명 : 오서산(791m)
위치 : 충남 보령 청소/광천

왕방산

왕성한 식욕이라 안 가리고 먹고 보니
방귀는 뽕뽕하며 채면 없이 자주 나와
산탄총이 고장 났나 소리하나 적다 하네

왕손은 달라야지 나라 걱정 할 줄 알고
방방곡곡 찾아가서 호연지기 기르면서
산천초목 사랑하고 온 백성을 사랑하라

산명 : 왕방산(737m)
위치 : 경기도 동두천시

용문산

용하다는 점쟁이는 다 찾아 보았는데
문제 된 사건들이 해결된다 하였건만
산란한 이 가슴을 어찌하면 좋을까요

용모 준수 동네총각 싫다는데 찾아와서
문간에서 만나자고 가지 않고 기다리네
산골 처녀 혼자서 문고리 잡고 어찌할고

산명 : 용문산(1,157m)
위치 : 경기 양평군 용문면

용봉산

용호상박 험한 기세 능선 따라 용출하고
봉마다 기암괴봉 기이하게 생겼구나
산정상 올라서니 정상 주 생각나네

용하다는 지관 찾아 묫자리 하나 간청하니
봉황이 알을 품은 형국의 명당자리
산으로 돌아갈 날 기약 없어 망설여지네

산명 : 용봉산(381m)
위치 : 충남 홍천군 홍북면

용화산

용인의 자연농원 경사 중의 경사
화려하게 태어난 동양 최초의 백호
산에서는 최고인 우리나라 영물

용기 있는 사나이는 큰일을 하지만
화적 같은 도둑놈은 무엇을 할까
산채나 지어놓고 길목이나 지켜야지

용서하는 마음이란 큰 가슴에 품어있고
화가 나는 일이라도 참음 속에 미소 있지
산같이 큰마음은 수양에서 비롯된다

용맹 있는 병사라면 무엇이 두렵겠나
화력 앞에 돌진하니 진지는 무너진다
산화할 각오이니 오히려 살아온다

산명 : 용화산(878m)
위치 : 강원도 춘천군 사북면 고성리

운길산

운전면허 시험문제 쉽지는 않겠는데
길거리서 팔고 있는 문제집을 사서 보니
산수문제 하나 없고 몰라보게 어렵구나

운수대통하겠다니 복권이나 하나 사자
길하다는 방위 찾아 복권 열 장 사고 보니
산산조각 찢어야지 맞은 놈이 한 장 없네

산명 : 운길산(610m)
위치 : 경기 남양주시 와부읍

운두령

운동권 수배친구 시골로 보내려고
두근대는 가슴에 약속하였지
령넘어 고갯길에 둘이서 만나자고

운 좋게 피해서는 시골에는 갔는데
두더지는 아니니 숨기가 어렵구나
령토가 좁으니 뛰어봐야 벼룩이지

산명 : 운두령(1,089m)
위치 : 강원도 평창군 용평면

운무산

운동권 학생이니 학점관리 되지 않고
무일푼의 처지 되니 IMF시대 돕는 이 없네
산전수전 데모 이력 취직에는 일 번 탈락

운동으로 체력단련 꾸준하게 노력하니
무서운 게 없구나 패기가 그만이니
산 사나이 인내 정신 남에게 모범이 되리

산명 : 운무산(980m)
위치 : 강원도 홍천군 서석면

운악산

운명의 인연이면 어찌할 수 없지 않나
악연도 인연인데 수용하며 살아야지
산골촌락 도시처녀 연분이면 좋겠는데

운수 없어 그런 건지 장사하면 털어먹고
악착같이 살아봐도 헤어나지 못하겠네
산신령님 돌보소서 이놈 한번 살려주소

산명 : 운악산(935m)
위치 : 경기 포천군 화현면

월악산

월남전의 맹호부대 용맹도 하지
악착같은 베트콩을 한 방에 보내고
산세 좋은 곳에다가 전승비를 세웠네

월급을 주지 않는다고 모여앉아서
악을 쓰고 소리를 질러들 보지만
산지사방 피해버린 주인 일족 올 리가 없지

산명 : 월악산(1,097m)
위치 : 충북 중원군 한수면 송계리

월출산

월급 받는 직장인이 세금납부 성실한데
출출해도 내일 위해 소주 한잔 못하지만
소주 한병 잊지 않고 준비한다 산 사나이

월말이 되어서 본사에 들어가니
출장비는 주지 않고 다른 현장 가라 하네
산골 도로공사 찾아가니 반기는 이 없구나

원래 먹고 싶은 게 많은 친구 있는데
출출하면 찾아와서 한잔 하자는데
산낙지 한 접시면 안주로 충분할까

산명 : 월출산(809m)
위치 : 전남 영암군 영암읍 영암리

월향봉 (3봉)

월급을 받고 보니 딴생각 절로 나네
항상 가는 단골집 그때만은 따돌리고
봉 잡히는 줄 모르고 양주 가져와라 큰소리

월초 되면 부모님께 찾아가서 인사드리고
항상 하는 효도생활 마음을 굳히어
봉급은 적지만 용돈은 챙겨드려야지

산명 : 월향삼봉(849m)
위치 : 중원군 상모면/문경군 문경읍

유명산

유리가 지저분하여 손 수 닦으니
명경같이 깨끗하게 맑아 졌구나
산뜻한 이 기분 누가 알리오

유리같이 맑은 눈빛 가을 하늘 별빛 같아
명랑하고 어여쁜 내 사랑 그 사람과
산타모 둘이 타고 강변으로 달려볼까

유황온천 찾아가서 머릿결 손질하니
명주결 보드라운 추렁추렁 긴 머리
산들머리 비단결 바람 놈이 만지누나

산명 : 유명산(864m)
위치 : 경기도 양평군 옥천면

응봉산

응원단을 만들려고 사람 모으니
봉사할 마음 없고 돈에만 정신 솟네
산해진미 대접하니 얼씨구 좋단다

응당히 해야 할 일 부모님께 효도하고
봉양하는 것이 자식 된 도리이니
산해진미 음식 구해 입맛 돋게 하여야지

산명 : 응봉산(868m)
위치 : 강원도 홍천군 장평리

장군바위 봉

장사 밑천 적게 드는 장사가 있지
군밤이요 군밤 맛도 일품이라
바보짓만 하지 않으면 돈도 벌고
위태로운 장사보다 재미도 있지

장군이 되었다고 뽐내지 말고
군 장병들 애로사항 파악도 잘하고
바다 같은 넓은 마음 포용력도 있어야지
위태로운 상항에서 판단이 중요하다

산명 : 장군바위 봉(1,140m)
위치 : 강원도 평창 도암면 병안리

점봉산

점을 보는 집을 찾아 일 년 신수를 알아보니
봉급을 받으면 은행저축 하라 시네
산통 깨지는 쾌가 있으니 계는 들지 말라고

점심을 먹고 나서 졸음을 쫓고 있는데
봉급을 받아가라 사내방송 나오니
산책하던 발걸음도 되돌아오네

점점이 떠있는 솜털 같은 흰 구름
봉마다 하나, 둘씩 봉우리에 걸려있어
오르면 만져질까 기대가 크구나

산명 : 점봉산(1,424m)
위치 : 강원도 양양/인제 기린

조령산

조용한 아침의 이 나라 대한민국
령산인 백두산의 정기를 받고
산신령님 도와주셔 통일 이루리

조석으로 말을 바꾸니 되는 일이 없구나
령이 서지 않고 제 마음대로 이니 어쩌면 좋아
산같이 위엄 있고 인자하면 문제는 해결

산명 : 조령산(1,017m)
위치 : 충북 괴산 연풍/이화령

종자산

종소리 땡글땡글 도움의 자선냄비
자비의 헌금이 배고픈 이 돕게 되니
산자락에 양로원 나도 한번 찾아보자

종일토록 올랐으니 지칠 때도 되었구나
자랑하던 자기 체력 한계 체력 시험 들어
산소 없는 이 고봉에 대한남아 야호 하네

종신제로 사원채용 획기적인 경영도입
자기 집 안 일하듯이 회사 일에 열중할 때
산업발전 이룩되고 회사마다 웃음소리

종일토록 흘러가는 한탄강 푸른 물결
자랑하는 포천막걸리 물빛으로 빗었으니
산 오르고 내려와서 한잔 술에 정이 드네

산명 : 종지산(581m)
위치 : 강원도 홍천군 서면

주흘산

주렁주렁 머루 다래 어디에도 하나 없고
흘러가는 개울물은 엎드려 잠들고
산그늘 찾아드니 흰 눈이 내리누나

주위는 해 저물어 어두움이 밀려오네
흘러가는 물소리가 내 귀를 씻어주고
산새들 모여들며 집 찾느라 짹짹 짹짹

산명 : 주흘산(1,106m)
위치 : 경북 문경시 문경읍

중미산

중도 아닌 것이 함부로 목탁을 두드리네
미쳐 머리를 깍지 않고 승복은 뭔 말인고
산속에 가기 싫으면 목탁 두고 떠나야지

중년의 젊은 신사 온갖 멋은 다 부리고
미녀 각시 쳐다보고 넋을 잃고 안자꾸나
산동 요리 시켜놓고 같이 먹자 하여보지

산명 : 중미산(834m)
위치 : 경기도 가평군 설악면 가일리

중원산

중허리에 올랐지만 정상가긴 아득하네
원점으로 내려갈까 갈등이 생기는데
산을 찾는 사람이면 정상에는 올라야지

중간에서 포기할일 시작부터 하지 말고
원하지 않는 일은 권한다고 하지 말고
산처럼 뿌리내려 내가 할 일 밀고 가라

산명 : 중원산(815m)
위치 : 경기도 양평군 용문면

지리산 (사랑도)

지도 교수 말을 듣지 않는 망나니 학생
리스트에 올라있는 요주의 학생
산속 절간 찾아가서 개심하고 다시 나와라

지난 과거 우리나라 독재정권 나라였지
리승만 대통령은 국민이 원한다면 하고
산천을 울리면서 독재인 줄 몰랐지

산명 : 지리산(399m)
위치 : 경남 통영군 사량면

지리산 (천왕봉)

지나다가 발 멈추고 노래방 들어가
리듬에 맞추어 한 곡조 뽑고 나니
산란하던 머리가 깨끗해지는구나

지지 않고 이기려면 평상훈련 중요하다
리그전으로 올라가니 체력도 있어야지
산타는 훈련도 빼놓을 수 없는 것

산명 : 지리산(1197.6m)
위치 : 경남 함양 추성리

지장산

지혜롭고 총명한 사람이라면
장래를 생각해서 꿈을 가지고
산세 좋은 곳 찾아가서 호연지기 기르시라

지장이 없다면 이 자리 조금 빌립시다
장사 목이 좋을 것 같으니 돈을 벌어서
산해진미 좋은 음식 내가 한번 대접하리라

산명 : 지장봉(877m)
위치 : 경기도 연천군 신서면

천마산

천고마비 좋은 계절 등산하기 좋을시고
마음은 언제나 산에 가서 노니는데
산 친구 만나보면 한잔 술에 정이 드네

천일기도 날을 잡아 자식 위해 공들이며
마이불 앞에 서서 지극정성 절을 하니
산신령님 돌보시고 부처님도 살피리라

산명 : 천마산(812m)
위치 : 경기도 남양주시 화도읍/진전읍

천삼산

천신에게 빌고 나서 산삼 찾아 나섰는데
삼베바지 이슬 먹고 기운 없어 다리 잡고
산 그림자 안기는데 더덕조차 안 보이네

천고마비 가을인데 장가는 가야겠고
삼을만한 신부감 이 고을에 없으니
산 넘고 재 넘으면 참한 색시 있을까

산명 : 천삼산(819m)
위치 : 강원 원주시 신림면

천태산

천 년 지난 세월이 이끼 되어 숨을 쉬고
태초의 신비로움 자리마다 깔려있어
산을 찾은 우리들은 세월 밟기 두렵다

천 년 만 년 살 줄 알고 뛰어도 보았지만
태어나서 지금까지 한일이 별로 없네
산처럼 듬직하게 말 없이 살아보자

산명 : 천태산(715m)
위치 : 충북 영동군 양산면

청계산

청송이여 어찌하면 그대같이 싱싱할까
계절 바뀌 눈 덮혀도 훌훌 털고 푸르르니
산에 가면 젊어지나 그대 기상 부러우이

청아한 오솔길로 발걸음을 옮겨보니
계절은 가을이라 도토리가 떨어지고
산자락의 밤송이는 입 벌리고 낮잠 자네

청명한 하늘은 가을이라 드높고
계절의 아름다움 단풍잎 한껏 뽐내고
산자락에 드리운 석양에 붉은 잎은 더욱 짙어만 간다

산명 : 청계산(618m)
위치 : 경기 시흥 수원

청옥산

청소한번 하고나면 온집안이 깨끗하다
옥빛같이 맑은거울 내모습이 비춰지니
산란하던 내마음이 깨끗하게 지워지네

청렴하다 말하면 뒤로는 돈 밝히니
옥에 가는 지름길은 그길이 제일 빨라
산지사방 헤어지는 가족 생각 하여 보네

산명 : 청옥산(1,255m)
위치 : 강원 평창군 정선읍

청우산

청년 시절 부지런히 학문을 닦고 갈아
우수한 사람 되어 사회에 나왔는데
산업현장 뛰어드니 너나없이 반겨주네

청중이 모여드니 십만이 넘는구나
우렁찬 목소리로 일장연설 하고 나니
산골약수 한 잔 떠다 두 손 모아 대접 하네

산명 : 청우산(619m)
위치 : 경기도 가평읍 상면

청태산

청소하는 마음가짐 현대인의 덕목인데
태연하게 담배펴고 꽁초는 길바닥에
산지사방 흩어진 것 누가 나서 주울꼬

청포도를 먹어보니 옛날생각 나는구나
태어난 곳 시골이니 포도농사 힘들었지
산자락의 초막에서 밤이면 즐거웠지

산명 : 청태산(1,200m)
위치 : 강원 횡성군 둔내면

촛대봉

촛농이 흘러내려 촛대에 가득하고
대롱대롱 촛물이 동굴의 석순같이
봉글봉글 신비하게 흘러내려 굳어지네

촛대같이 생긴 바위 올라갈 수 없구나
대담한 용기로 그곳을 오르려고
봉우리 쳐다보니 현기증이 먼저 난다

산명 : 촛대봉(1,190m)
위치 : 강원 춘천시 사북면

치악산

치를 떨게 차량이 홍수를 이루는데
악쓰며 들어가도 주차할 곳 없구나
산자락 못 만지고 서울로 돌아간다

치렁치렁 머릿결이 허리까지 내려오고
악수를 청해봐도 손가락 까딱 않네
산들산들 앞서 가니 댕기나 잡아볼까

치사하게 남에게 얻어먹기 싫어서
악수하는 고향 친구 술청을 거절하고
산 사나이 기개로 갈증을 참는다

산명 : 치악산(1,288m)
위치 : 강원 원주군 소초면

칠갑산

칠성단에 재물 차려 치성을 다했건만
갑돌이를 얻고 보니 이런 바보 다시없다
산신령님 노하셨나 어찌하면 좋으리

칠전팔기 생각으로 사업을 시작하고
갑부 되어 그 돈으로 없는 자를 도우려네
산수공부 못했지만 돈 버는데 재주있지

산명 : 칠갑산(561m)
위치 : 충남 청양군 대치면

칠장산

칠 년 넘게 공들여도 아들 얻기 어렵구나
장가들어 이러하니 부모 성화 힘들지만
산신령님 못 만났서 하소연도 못하겠다

칠전팔기 정신으로 도전하며 이룬 일들
장하여라 하지만 지키기는 더 어렵다
산 오르는 것 힘들어도 더 한 일도 많으리라

산명 : 칠장산(492m)
위치 : 경기도 안성시 죽산면

칠현산

칠십 고비 다 왔는데 무엇하나 남겼는고
현명하게 살았다고 생각해도 우습구나
산 다니는 이 한 몸이 발자국도 안 보인다

칠 배 절을 하고 나서 부처님 쳐다보니
현재보다 다음 세상 생각하며 살라 하네
산에 갈 때 절 있으면 찾아들어 참배하자

산명 : 칠현산(517m)
위치 : 경기도 안성시 금광면

칼봉산

칼같이 생긴 바위 한두 개가 아니구나
봉우리가 어우러져 장관을 이루는데
산자락의 장송들은 더없이 푸르구나

칼국수 맛내는 덴 어린호박 있어야지
봉지 속 맛 멸치 몇 마리는 넣어야 하고
산나물을 곁들이면 더욱 맛있겠지

산명 : 칼봉산(900m)
위치 : 경기도 가평군 북면 경반리

태기산

태어나서 부모에게 효도하지 못한다면
기다려 주지 않는 부모님의 마지막 길
산이 무너지는 아픔을 지난 후에 당하리라

태산 같은 부모 은공 깨우침이 늦어지면
기를 펴고 살 수 없는 고통이 있으리라
산에 가서 모셔놓고 통곡한들 무엇하리

산명 : 태기산(1,261m)
위치 : 강원 횡성군 둔내면

태백산

태동하는 기묘년에 상서로움 가득한데
백설 덮인 천제단엔 개국신화 얽혀있고
산바람 속 철쭉들은 흰 눈 속에 꿈을 꾸네

태어난 이 세상에 무엇을 할꼬
백마를 타고 나가 변방을 돌아보고
산성에 진을 치고 큰 공을 세우자

태산같이 믿으시는 우리 부모님
백번 천 번 부처님께 빌고 빌어 나를 얻었다니
산 정기 받은 내가 부모 은혜 보답하자

산명 : 태백산(1,567m)
위치 : 강원도 태백, 영월 장릉

팔봉산

팔칠지나 백수까지 매일같이 산 올라서
봉우리의 명당터에 자리 깔고 쉴라치면
산신령님 그때쯤엔 친구 하지 않겠는가

팔폭치마 치마말이 허리까지 내려오네
봉변보기 일보 진전 올려야 하지 않나
산수갑산 가더라도 디스코는 추고 보자

팔도강산 좋을 시고 절경을 찾아드니
봉마다 기암괴석 홍천강가 푸른송
산중의 명산이라 팔봉산이 아니던가

산명 : 팔봉산(302m)
위치 : 강원도 홍천군 서면

포성산

포구에 노을 드니 기러기 끼룩끼룩
성가시게 구는 모기 무엇으로 쫓을까
산초를 태워서 연기 실어 보낼까

포근히 안겨오는 여인의 가슴
성격은 알 수 없지만 용모는 단정
산뜻한 머릿결에 내 마음 두근두근

산명 : 포성봉(933m)
위치 : 충북 영동군

한라산

한마을 친구들 야유회를 갔는데
라디오 틀어놓고 디스코 춤을 추니
산에 가는 등산객이 눈살을 찌푸리네

한 잔 술이 생각나서 포장마차 찾아들어
출출한 김에 단숨에 술 한 잔 들이키고
산적에다 꼼장어라 술맛을 돋구네

산명 : 한라산(1,950m)
위치 : 제주시/성판악-영실, 백록

호령곡산

호국정신 군인정신 이 나라 지켜왔지
령관장교 되기까지 고생이 얼마였나
곡명을 몰라서 노래 한곡 못 불러도
산에 가면 풀풀 날아 실전에는 완벽준비

호강하며 살아가던 지난날의 나였지만
령넘어 지는 해는 한숨을 나게 하네
곡을 하면 무엇하나 인생은 허무한 것
산천을 주유하며 남은 여생 보내시게

산명 : 호령곡산(246m)
위치 : 인천시 중구 무의도

호명산

호들갑을 떨어봐도 결과는 같을진대
명확한 판단하에 차근차근 추진하면
산란하던 마음이 가라앉고 편안하리

호숫가를 거닐면서 둘만의 시간 갖고
명랑한 님의 모습 한없이 사랑스러워
산수가 수려하니 기분 또한 만점이네

산명 : 호명산(632m)
위치 : 경기 가평군 외서면

화악산

화려한 순 꽃 보려 경기의 최고봉 찾아
악전고투 눈길산행 경이롭다 신비한데
산정상 레이더기지 간담을 서늘케 하네

화장을 짙게 하고 미니스커트 차려입고
악어백 옆에 끼고 굽 높은 힐 신고
산길을 오르니 나보는 눈길이 이상도 하네

산명 : 화악산(1,450m)
위치 : 경기 가평군 북면

화야산

화려하던 붉은 단풍 해저무니 옷을 벗네
야단법석 단풍놀이 너무 짧아 아쉬운데
산조차 술에 취해 옷을 벗어 던지누나

화려한 차림으로 무대에 올라서서
야간조명 받으면서 춤추는 무희야
산다는 게 무엇인지 그래야만 하나

화장을 하고보니 딴사람 같구나
야하기도 하고 매력적이기도 하고
산뜻한 눈망울로 누구를 홀릴까

산명 : 화야산(754m)
위치 : 경기도 가평군 설악면

회목봉

회가 먹고 싶어 일식집 노크하니
목으로 넘어가는 술 한 잔에 입맛 돌아서
봉급 탄돈 다 쓰는지 모르고 먹네

회전의자 앉아있는 저 신사분
목에 힘을 너무 주면 부러질 염려 있네
봉사하는 마음으로 겸양지덕은 어떨까

산명 : 회목봉(1,027m)
위치 : 경기 이동 광덕산 동쪽 봉우리

희양산

희망에 찬 새해가 밝아오고 있네요
양력 초하루 일월 일일 희망 또한 밝아온다
산촌에도 도시에도 새 희망이 가득하다

희망 없는 인생이라면 죽어야만 하나요
양지바른 터 좋은 곳 찾지를 못해서
산골짜기 헤매면서 생사를 논한다

산명 : 희양산(998m)
위치 : 충북 괴산/경북 문경 가은읍(998m)

조선일보 월간산 잡지

"그림산행" 연재

조선일보 월간산 잡지 "그림산행" 연재

불곡산

백곰바위, 투구바위, 시루떡바위들로 지루하지 않은 산

불퉁불룩 총각바위 소나무에 올라앉아
곡선미가 아름다운 처녀바위 허리 안고
산 사나이 건강하니 참느라고 애를 쓰네

불곡산은 수도 서울에서 멀지 않은 곳에 있다. 이 산은 높지는 않으나 경관이 좋고 기암괴석이 많은 산으로 알려져 있기도 하다. 아래에서 바라보면 나지막한 산 같지만 막상 정상에 올라가 보면 꽤 높고 전망이 좋다. 무엇보다 묘하게 생긴 바위들도 많아 산행이 지루하지 않다. 백곰바위, 산부인과바위, 투구바위, 시루떡바위니 하는 이상한 이름을 가진 것도 많다. 바위 군상이 총각 처녀가 누드로 엉키어 일광욕하며 놀고 있는 것 같아 정말 구경거리가 된다.

기암의 주위에는 나지막한 노송들이 함께 어우러져 멋진 풍경화를 이루고 있다. 그런데 그 노송들이 몸을 꼬고 있는 모습이라, 흡사 나 같은 늙은이가 훔쳐보고 있는 느낌이라 민망스럽다. 바람의 마술사가 소나무를 이리 틀고 저리 비틀어 놓았을 것이다.

예술의 극치는 자연의 조화 안에서만 존재하는 것일까. 누가 그 것을 옮겨 담아도 일품이 되지 않을 수 없을진대. 하물며 화가의 정신과 혼을 함께 담은 작품이라면 더욱 빛이 나리라. 산이 좋아 산을 찾아 오르내리기를 한지도 어언 30년 세월이다. 풍진 세월 온갖 먼지를 둘러쓰고 채워도 채워도 모자랄 욕심들을 훌훌털고 자신을 비우며 살게 해주는 스승인 산(山)-. 불곡산도 마찬가지리라 여겨졌다.

일요일 아침. 우리 일행은 의정부 전철역에서 만나, 옛 양주군청 앞 버스정류장까지 걸어가서 32번 금촌행 버스에 몸을 실었다. 정암 화백이 실은 불곡산이 궁금하여 박창구(한국서예인산악회 등반대장)씨와 함께 이틀 전 그곳을 다녀왔다고 한다. 여러 가지 스케치할 것들이 많을 것 같아 미리 다녀왔다는 것이다. 바위 능선과 소나무가 어우러져 한 폭의 그림 같았다며 침이 마르도록 예찬론을 편다. 유양리초등학교 다음 불곡산이라 안내 방송이 나온다. 함께 버스를 탄 등산객중장비를 적잖게 갖춘 젊은 친구들이 불곡산은 초행임을 눈치채고, "여기 처음 오시나 보죠?" 하고 인사를 건넸더니 엠포르산악회 회원들이라며 우종석 회장이 한 사람씩 소개한다.

백화암 오르는 긴 입구에는 좌측에 석산가든 이란 큰 간판이 있다. 30분 정도 올라가니 '백화암이 나왔다. 엠포르 회원들은 골수암에서 암벽을 타기 위하여 왔다며 월간山 93년 11월호에 실린 기사를 자료로 가져와서 의논한다. 우리는 대웅전을 둘러보고 아름드리 느티나무를 기점으로 산행을 시작했다. 일행 중 김환희씨(서예인)에게 소감이 어떠냐고 물었더니 "바위가 질서가 없다'고 해 모두들 웃었다. 가보지 않는 산만을 골라 산행하던 지난날의 추억이 떠오른다. 그런 버릇은 도깨비산우회와 산을 다닐 때 생겼다.

도깨비산우회(회장 조정호)는 매달 한 번씩 172회의 산행을 하면서 같은 산 같은 코스는 한 번도 가지 않았다. 그러다 보니 필자도 200개 넘는 산을 다녔고, 새로운 산 이름으로 삼행 시조를 짓는 습관이 생겨 지금까지 이어오고 있다.

불곡산을 일컬어 근처 주민들은 '소설악' 이라고까지 표현하고 있다. 이 말처럼 산은 높지 않아도 정상에 오르면 감탄하지 않을 수 없다.

산행 코스 중에는 로프를 잡고 오르내리는 장소가 몇 군데 있다. 이 코스를 종주하면 암벽타기 기초과정 수료증을 주어야 할 것 같다. 그중 임꺽정봉을 바라보고 내려가는 코스에 산부인과바위가 있다.

홍천의 팔봉산에 산부인과바위가 있는데, 그곳은 밑에서부터 위로 올라가는 구멍이 있지만 여기는 위에서 밑으로 뚝 떨어지는 형국이라 별명이 잘 어울린다.

정상 부근의 능선에는 걸맞지 않게 인공적으로 만들어진 것 같은 돌다리라던가 너럭바위에 기둥이 들어갈 수 있는 둥근 구멍이 패여 있는 곳이 여기저기 몇 군데 있다. 혹 옛날 임꺽정 무리들이 망루를 지어놓고 망을 보던 역사의 흔적이 아닌가 생각도 했다.

임꺽정봉을 오르는 도중, 바위가 곰의 형상을 하고 있다. 필자는 곰바위 입 부분을 잡고 기념사진을 남겼는데, 나중에 사진을 보니 영락없는 곰 형상이었다. 임꺽정봉 정상에서 광백저수지를 바라보며 우측으로 하산했다. 한참을 내려오니 부흥사가 있고 방산농원(方山農園)이 나왔다.

조금 지나니 못생긴 예술작품과 같은 불곡산장이 발걸음을 멈추게 한다. 산장 입구 달장은 나무토막으로 쌓고 용구쇠로 지붕을 덮고 통나무로 산장을 지었다. 사장 이용주 씨와 인사를 나누니. 손수 지어서 초록 바다 아래서 살고 있다며 농장도 만들고 있다고 자랑한다. 산장 입구에 흰동백나무가 있는데 잎의 독성이 강해서 벌레도 먹지 않고 항상 그 잎이 싱그럽다는 설명이다.

흰동백잎을 찧어 물에 뿌리면 물속에 살고 있는 물고기들이 정신을 잃을 정도라는데, 아무튼 이곳을 오르내리는 등산객들이 벽에 써놓은 낙서들에서 시름을 잊기에도 즐거움이 있었다.

"산중에 책력 없어 날 가는 줄 모르노라 / 꽃 피면 봄이요 잎 지면 가을이라 / 아이들 헌 옷 찾으면 겨울인가 하노라 "

낙서이지만 운이 뚜렷한 시의 한 구절이다 필자는 이 시에 대해 '참이슬 들고 入山酒 해야지 / 힘들면 中間酒 해야지 / 頂上点 밟고는 頂上酒 해야지' 라는 졸시로 답하고 싶다. 정녕 우리 일행은 불곡산장에서 하산주 한 잔으로 그날의 피로를 달래었다.

(월간산 2000년 7월호)

운악산

기암과 폭포의 박물관이 바로 여기

운수대통 오늘 산행 산삼이 웬일이야
악수하는 축하 동료 얼싸안고 춤을 추네
산 다니는 나에게는 더덕만도 만족인데

운악산은 해발 935.5m로 산세가 아름답고 기암봉으로 경기 오악의 하나로 꼽았으며 옛날에는 현등산이라 불렀다고 한다. 예부터 운악 팔경이 전하며 그 중에도 백년폭포, 망경대, 민영환 암각서, 큰알내치기 암벽, 노체애기소 등 이 장관을 이룬다.

팔경 말고도 병풍바위, 미륵바위, 애기바위, 기둥바위, 무지개폭포, 쇠꼬리 폭포, 조개 폭포, 궁예 성터, 신선대. 천신대 등 마치 기경과 폭포 박물관 같은 곳이다. 그러므로 여늬 산들과는 달리 일회 산행으로 그칠 곳이 아니다. 산행기점마다에는 신라 22대 법흥왕 때 창건한 현등사와 운주사. 대원사 등 고찰이 길목을 지키고 있으니 그냥 지날 수가 없다.

현등사 쪽에서 산행코스를 잡으면 등산 안판에 A 코스, B 코스로 나누어져 있다. A 코스로 오르는 것이 볼거리도 많고 재미도 있다. 현등사로 오르다 보면 우측으로 A 코스 등산로 표시가 있다. 능선으로 오를 때까지는 평범한 암릉인데 1시간여를 올라가야 한다. 능선 마지막 지점에서 내려가는 위치가 쉼터가 된다. 그곳에서 건너편을 바라보면 병풍을 둘러친 듯한 암벽이 그림같이 아름답고 기이하다.

금강산인들 이만하리

미륵 바위를 앞에 두고 둘러쳐진 암벽은 금강산인들 이만할까 싶을 정도로 경치가 뛰어나고, 가을 단풍철에는 더욱 장관일 것 같다. 그곳에서 잠시 쉬는 동안 귀한 손님을 만났다 꾀꼬리 한 마리가 풀벌레를 입에 물고 새끼들이 있는 곳으로 얼른 가야지 하는 눈빛인데, 땀을 닦고 있는 나를 보고 멋쩍은 듯 자리를 떠난다.

인천에서 왔다는 홍준희, 배기환, 전유한씨 세 분이 작은 물병 하나씩만 들고 산행 중이라 젊음을 맛보는 느낌이다. 병풍바위 암벽에는 나무들이 줄을 타고 오르는 듯 자리하고 있는 모습에 얼핏 세상살이를 떠올리게 된다. 서로 자리싸움도 하지 않고 얻은 자리에서 나름대로 아름다움을 간직하고 있는 모습은 무언가 깨달음을 주고 있는 것 같기도 하다.

병풍바위 능선을 우측으로 하고 미륵 바위를 지나 암봉에 올라서면 미륵 바위 그 위용이 대단하고. 또 달리 보면 남근바위인지라 자연의 오묘함이 그 속에 내재돼 있다. 이곳부터 정상까지는 '바위 동네' 인데 험한 자리도 마다 않고 꿋꿋하게 자라면서 허리까지 내어주며 나무들이 기다리고 있다. 손으로 잡으면 새로운 기운을 주어 오르내리는 나에게 더없는 봉사자의 역할을 한다는 생각에 미치니 감사의 마음이 솟는다.

마지막 암벽이 있는 곳은 97년 10월 이전에는 간단한 철 사다리를 수직으로 세우고 위만 묶어둔 상태라서 매우 어려운 코스였다. 겁이 많은 아가씨는 벌벌 떨고 소리 지르기까지 했다. 장난스런 사람들은 재미있다고 더욱 겁을 주던 곳이었으나 지금은 완벽하게 두 사람이 서로 비껴갈 수 있도록 철 다리를 새로 놓았다 운악산 정상부는 봉우리가 두 개로 이루어져 있다. 삼각점은 서봉에 있고, 동봉 정상은 헬기가 앉을 수 있을 정도로 넓고 운악산 표지석이 세워져 있다. 그리고 감자같이 생긴 큰 바위가 있는데, 그 바위에 6.25의 흔적이 역력하다. 맹호부대의 충성, 명예, 단결 구호와 비호결사대, 결사돌진대, 결사돌격대, 결사돌파대란 글씨로 문신을 하고 늠름히 버티고 있다. 적을 무찌르기 위하여 얼마나 각오가 대단했던가, 가슴이 뭉클해진다.

정상에서 점심을 먹기 위하여 자리를 잡았다. 산에 왔으니 산신령님께 술 한 잔을 올리고 자리 잡고 보니 옆자리에 썩은 나무 등걸 형상이 빙긋이 웃고 있는 돼지머리 흡사하다. 정암 화백과 같이 우리가 산신령님께 신고는 제대로 한 것 같다며 내려가서 복권 한 장을 사야겠다며 웃었다.

궁예 성터 옹달샘 물맛 일품

일주일 전 1차 답사 때는 운주사에서 올라 현등사 쪽으로 내려갔다. 그 코스는 사각사각 눈길을 걷는 착각이 들 정도로 오르는 길의 촉감이 좋고 아주 부드러웠다. 산행 초입에는 산딸기가 많아서 이리저리 다니면서 따먹기도 했는데 한방에서는 특히나 복분자(산딸기),구기자. 토사자, 오미자, 사상자를 가리켜 오자라 하고 에너지 보충에 크게 도움이 된다고 한다.

복분자 덕분에 힘이 솟아 그 기운으로 한참을 올라가니 무지개폭포가 있었다. 그 규모는 엄청나나 답사하는 날은 낙수량이 적어서 실감 나지 않았다. 그러나 크기로 볼 때 매우 큰 폭포이고 물이 많아지면 장관을 이룰 것이다. 무지개폭포 우측으로 올라가면 궁예가 쌓은 성터 자리가 있는데 이끼 낀 돌들은 죽은 듯이 엎드려 있고 천년 장송은 지금도 성을 지키며 살아 있다. 폭포에서 좌측으로 오르면 신선대, 천신대, 굴법당, 용궁 등 이름도 고색이 물씬 나는 명소가 있어 잠시 쉬어갈 만하다. 그곳 옹달샘의 물맛은 일품이다.

능선에 오르면 애기봉, 기둥바위가 있다. 그리고 쑥스러운 듯 옆으로 돌아서 있는 남근바위는 수백 년 죽지 않고 있는 걸 보면 그 힘이 대단하다 이런 바위는 정상 능선에 있고, 조금 오르면 서봉의 정상이 나온다.

서봉 정상에서 동봉으로 가야 현등사와 대원사로 내려가는 길이 있다. 현등사까지는 급경사로 이어진다. 절까지는 계곡의 물이 적으나 현등사를 지나면 수량이 많아지고. 그렇게 깨끗할 수 없다.

그날 따라 풍경소리 들려주는 바람도 없어 마음을 다스리며 쉴 자리를 찾다가 "여기가 시원합니다" 하는 말 한마디에 든 곳이 동구주차장 입구의 온서네 손두부집이다. 간판을 보면 손두부 집인데 알고 보니 도토리묵 전문집이다. 주인아주머니 이경자씨(43)는 18세에 시집와서 도토리묵을 만들어 20년간 유원지를 돌아다니며 장사한 사람이란다. 그의 인생역정이 손님에게 내주는 도토리묵에 그대로 배어 있어 말할 수 없는 진미였다.

(월간산 2000년 9월호)

무등산

입석이 도인 같은 모습으로 반기는 '사계절 명산'

무슨 사연 있었기에 천 년 세월 서서 있나.
등에 진흙 어찌하여 내려놓지 아니하고
산등성이 입석대여 검버섯이 피었구나.

무등산은 넘실넘실 파도치는 바다와 같고 달덩이처럼 넉넉함이 있는 산이다. 높이가 1,186m의 높은 산인데도 동네 뒷동산 가듯이 빨려 들어가서 한 바퀴 돌 수밖에 없는 여유로움을 주지만, 여섯 시간은 족히 걸린다.

밖에서 보면 봉우리가 하나인 것 같은데 조금씩 오르다 보면 산언덕은 점점 높아져서 어느새 마루에 오르게 되고, 새로운 봉우리가 능선을 타고 내려와서 계곡을 만들고 있다.

무등산은 시인 묵객들의 발자취가 많다. 위압적이고 거칠지도 않으니 양반님네들 팔자걸음으로 걷다 보면 자연히 시심이 동하여 시가를 읊을 수밖에 없는 아름다움이 곳곳에 있다. 송강 정철이 공부하고 시심을 풀어놓은 한벽당과 식영정, 그리고 곳곳에 독수정, 취가정, 풍알정 등 시인 묵객들의 발자취를 품어 안은 정자각들이 서서 지금도 그 향기를 뿜어내고 있다.

필자는 정암 화백과 무등산 공원관리사무소에서 꼬막재 쪽으로 산행을 시작했다. 한숨을 돌릴까 하니 샘터가 있어 물 한 모금 마시려니 수령이 오랜 고목인 능수버들이 지키고 있다. 버들을 보니 목마른 나에게 버들잎 하나 따서 바기에 띄우고 물 한 잔 권할 아가씨가 있었으면 하는 아쉬움이 인다. 그 능수버들은 사랑을 못 이룬 전설의 주인공인 양 몸통에 하트 모양의 구멍이 있다. 길손인 나는 공연히 그곳을 무엇으로 채워야 할지 아쉬워한다.

그곳에서 조금 오르노라면 해발 660m 지점에오성원이란 쉼터가 있다. 쉼터에서 바라본 꼬막재는, 옛날에는 꼬막 같은 돌이 많았다고 하여 꼬막재라고 했다지만, 필자가 볼 때는 앞의 봉우리가 정말 꼬막을 엎어놓은 듯한 모양이다.

역시 임석대와 서석대

꼬막재에 올라서니 억새가 장관을 이룬다. 북풍은 억새 옆에 다가가 흔들리는 연유를 귓속말로 물어보지만, 억새는 '술 취한 건 아니니 어서 가게나' 한다. 고개를 갸우뚱하며 지나는 바람의 모습이 정말 아름다운 장관이다. 억새는 우리가 지나갈 때 하얀 깃털을 날리면서 사그락사그락 속삭이고 있었지만, 못 들은 척 펑퍼짐한 산자락을 돌아서고 말았다.

어디선가 목탁소리, 귓가를 맴도는데 갑자기 선돌 세 개가 우리를 맞는다. 그 뒤엔 선돌 병풍이 오묘하게 펼쳐져 있고 규봉암이 자리하고 있다. 규봉의 선돌 세 개는 여래불, 관음불 미륵불이라고 일컬으며 삼존석(三尊石)이라고도 한다. 규봉암의 관음전을 둘러보니 '일엽홍련재해중(一葉紅蓮在海中)' 이란 글귀가 가슴에 와 닿는다.

규봉암을 등지고 바라보면 백마능선이 있다. 백마를 옆에 두고 장불재를 향하여 얼마를 가니 입석대. 서석대가 가슴 벅차게 다가온다. 광주 시내 어디를 가도 입석대의 사진이나 그림 한 폭이 걸려있지 않은 곳이 없다. 그걸 보면 무등산의 비경은 입석대요 광주의 상징이 또한 입석대가 아닌가 싶다.

입석대는 옛날부터 제천단으로서 가뭄 때나 전염병이 만연할 때 제를 올리는 신령스러운 곳이었다. 천 년 세월을 서 있는 입석대의 돌기둥은 중간 허리가 잘려 있어도 바람에 넘어지지 않는 것을 보면 안전하긴 하겠지만, 입석 앞에 서서 쳐다보면 혹 떨어지면 어찌나 하는 두려움이 엄습할 정도로 형상이 교묘하다. 돌을 인공의 도구로 조각한 것이나 아닐까 하는 생각도 들고, 요사이 건강에 좋다는 참숯을 확대하여 수석을 만들어 놓은 것 같기도 하여 감흥의 교차가 있다. 장불재에서 800m 지점에 솟아 있는 서석대는 저녁노을이 물들 때면 수정처럼 반짝인다고 하여 수정병풍이라 일컬어지기도 하지만. 깎아지른 절벽에다 통일 조국을 외쳐보면 그 메아리가 이북까지 갈 것 같은 장엄함과 웅장함이 함께하고 있다.

무등산 정상부는 정상 3대라 불리는 천왕봉, 지왕봉 인왕봉으로 세 개의 바위봉으로 이루어져 있다. 천왕봉은 최고봉답게 하늘을 가까이 하지만 그곳은 출입통제구역이라 갈 수 없다.

정암 화백은 중간중간 스케치를 하면서 서석대에 올랐지만 “역시 비경은 입석대, 서석대, 규봉, 천왕봉” 이라며 “바위만 그리게 되었다”면서 웃음을 감추지 못한다. 입석대에서 같이 올라온 여성 세 분은 우리에게 광주 특유의 맛 난 도시락을 내놓았는데, 지금도 그 맛을 잊을 수가 없다.

압록강까지라도 단숨에 달릴 백마 능선

장불재에서 본 백마 능선은 눈 덮인 백마를 연상했을 때 무등이 자기의 애마를 옆에 두고 있는것 같고, 잔등이 너무나 유연하여 여인의 허리결 같은 아름다움도 있는가 하면 금방이라도 달려 나아가 압록강까지도 이를 것 같다. 중머리재는 고갯마루에 나무 한 그루 자라지 않아 그런 이름이 붙었다고 하는데, 어떻게 그런 민둥산이 되었는지 모르겠다. 중머리재에서 30분을 내려가니 정말 아름다운 소나무와 절벽 암봉이 잘 어울려 있는 그림 같은 새인봉을 만나게 된다. 겨울인데도 소나무들은 봄을 맞은 것처럼 연녹색의 맑은 빛을 띠고 있어 너무도 깨끗하고 아름다웠다. 솔바람 향기가 콧등을 건드리며 다가오는 정감이 아주 좋았다.

새인봉 삼거리에서 잠시 쉬고 있을 때 육십 대 중반의 두 분이 지나가는데, 뒤에 가는 분은 보배 소주 맛을 너무 보았는지 발걸음이 자유로웠다. 새인봉 삼거리에서 증심사까지는 20분 거리요, 버스 정류장까지는 다시 10분이 걸렸다.

무등산은 사계절의 아름다움이 모두 있다. 용추계곡, 원효계곡에 진달래가 피면서 봄이 시작되고, 규봉에서 장불재 산길에 철쭉이 피며 여름을 맞고, 산등성이 초원에 산나리가 꽃밭을 이루고 기슭에 단풍이 찾아들면서 가을이 된다. 겨울에는 나뭇가지마다 얼음꽃이 피면서 입석대가 도인 같은 모습으로 반긴다는 '사계절 명산'이다.

(월간산 2001년 1월호)

계방산

늦은 봄까지도 겨울이 머무는 곳

계절 따라 찾아오는 진풍경 보고파서
방방곡곡 명산 찾아 다리품을 팔지마는
산그늘 드리우면 배낭이 나를 잡네.

강원도 홍천군과 평창군의 정계에 솟아 있는 계방산은 높이가 1,577m로 남한에서는 한라, 지리 , 설악, 덕유 다음으로 높은 제5위의 고산이다. 31번 국도가 산자락을 끼고 도는데, 우리나라에서는 차를 오를 수 있는 높은 고개인 운두령이 바로 이 계방산자락에 있다. 운두령은 높이가 1,089m로 계방산 정상까지 거리가 가장 짧은 곳이라서 이곳에서 산행을 시작하는 사람들이 많다 겨울철에는 적설량이 풍부하고 고산의 정취를 즐길 수 있을 뿐 아니라 늦은 봄에도 설경을 만끽할 수 있는 산행지여서 인기가 높다.

팔자와 정암 화백은 동대문에서 출발하는 안내산악회(회장 최광식) 안내산행에 함께 했다. 이날 따라 폭설이 내려 하루 종일 눈 속에서 산행하게 되었는데, 즐겁던 산행이 나중에는 지겨운 고행이 되었다.

윙윙 웅웅, 눈보라가 난리법석

운두령 하면 대관령의 선자령처럼 눈이 많고 바람이 거세기로 등산인들 사이에 이름난 곳이다. 우리가 운두령에 도착했을 때도 마찬가지였다. 고통의 외침인 듯 혹은 눈구름이 땅을 덮쳐 세상 고뇌를 씻으려는 듯 정웡 웅웅, 세상 모든 것을 날려보낼 듯이 뿜어내는 바람 소리가 함박눈과 더불어 한바탕 난리였다.

운두령 영마루에서 우측(동쪽) 방향으로 난 등산로로 들어서니 수천리를 달려오느라 어느새 백발이 된 눈은 외로움에 지쳐선지 품안으로 파고든다. 그 기세가 심상찮아 우리는 걸음아 날 살려라 하고 겉옷의 고깔을 뒤집어쓰고 가파른 능선길을 올랐다. 십리 길을 단숨에 달린 것같이 땀이 온몸을 흠백 적셨다.

눈보라가 쉴새 없이 몰아쳤다. 계속 강행군하는데 선두가 지나가면 발자국이 남아야 할 터이지만 눈보라는 사정없이 발자국을 지워버린다. 등산길은 인생의 역정과도 같아서 앞서 가는 자가 발을 많이 적시고 많이 삐는 등, 고생이 심하기 마련이다. 그 애쓴 보람의 태반이 눈보라로 헛수고가 되고 만다.

주능선에는 아래쪽 사면으로 심설 속에 드문드문 주목들이 어깨가 처진 채 천 년 세월을 살겠노라고 백발의 모습으로 버티고 있는 모습이 장관이다. 그 가볍고 부드러운 눈송이가 쌓이고 쌓이면 장송의 가지를 부러뜨린다는 사실에서 우리는 끊임없는 지속성이 갖는 힘을 실감한다.

정상 오르기도 마찬가지 아니겠는가. 다만 눈길 속의 정상 오르기는 한 걸음의 발길이 평지의

천 보 걸음처럼 힘겹다. 정상 30분 정도 못 미친 능선에 둥근 봉이 있는데, 나무가 없는 민둥머리봉이라 사방 관망이 너무 좋다. 계

방산은 주위에 방태산, 개인산, 가칠봉이 둘러싸고 있다. 정상에서 서쪽은 회령봉 동쪽은 오대산 비로봉, 북쪽은 멀리 설악산 대청봉이 보이는 곳이다.

정상에는 등산객들이 쌓은 돌탑

정상에는 등산객들이 정성을 모아 쌓은 돌탑 조형물이 있다. 많은 사람들이 자기의 소망을 돌 하나에 담아 올려놓고 잠시나마 경건한 마음을 가져본다. 정상에서 맞는 또 하나의 감동이다. 정상에 도착한 정암 화백은 주위를 살피면서 사진이라도 한 장 남기려고 이리저리 자리를 잡아본다. 눈보라 속에서 애쓰는 그 모습이 안타까운 마음을 들게도 한다.

하산길은 정상 바로 우측으로 가파른 능선길을 따라 윗삼거리로 가는 길, 그리고 동쪽 1,452m 봉 능선으로 가다가 계곡으로 내려가서 이승복 생가터가 있는 곳을 지나 윗삼거리로 가는 길이 있다. 겨울철에는 계곡 쪽은 눈이 너무 깊어 위험하니 능선을 타고 하산하는 것이 좋을 것 같다. 시간 여유가 있으면 1박 코스로 산행계획을 잡아1,209m봉까지 갔다가 방아다리약수를 거쳐 진부 쪽으로 돌아가는 것도 좋을 것 같다.

진부면 척천리에 있는 방아다리약수는 조선 조숙종 때부터 알려진 오래된 약수터로, 철분, 나트륨, 칼슘, 마그네슘 등이 함유된 탄산천이다. 피부병, 위장병에 효험이 있고 특히나 메밀꽃 필 무렵에 약효가 더욱 좋다고 한다.

윗삼거리에는 식당 겸 매점이 있고 농어양식장도 있다. 속사 쪽으로 조금 내려가면 1968년 10월 울진 삼척으로 침투한 북한 무장공비의 잔당들에 의해 희생당한 이승복군의 희생을 기리는 반공기념관이 있다.

계방산은 4월에 가도 봄 속에 겨울을 만끽할 수 있는 눈이 많은 산이다. 땅은 계절의 질서를 지켜, 눈이 덮여 있어도 때가 되면 어김없이 눈을 비집고 새싹과 함께 꽃망울을 내미는 꽃이 있으니-. 이제 얼마 있지 않아 이 계방산에서도 겨울 속의 봄을 만날 수 있을 것이다.

겨울을 지낸 눈들은 지루함을 이기지 못하여 우릴 붙들고 놀다 가라지만 우리에겐 떨치지 못하는 세상사 인연이 있지 않은가. 설원을 뒤로하고 돌아서는 우리들은 설산과 헤어지는 아쉬움보다 다시 만난다는 기쁨으로 발길을 재촉했다.

(월간산 2001년 3월호)

소요산

유유자적 소요하며 즐기는 선경들

소요산(逍遙山 - 587m)은 의정부에서 16km 떨어진 동두천시에 있는 자그마한 산이다. 하지만 암봉과 협곡, 능선의 노송들, 그리고 산 어구부터 터널을 이루는 붉은 단풍나무 숲길 등 산의 아름다움을 고루 갖춘 명산이다. 서경덕, 김시습, 양사언이 자주 소요하였다고 하여 소요산이라고 부르게 되었다는 유래가 전한다.

이 산의 입구를 조금만 들어서면 진주보다 귀한 명소가 즐비하다. 백운암, 자재암, 원효대, 원효특포, 요석궁터, 하 · 중 · 상백운대, 나한대, 금송굴, 의상대, 공주봉, 선녀탕, 옥류폭포 등 불교 성지 같은 느낌이 드는 곳이다.

넓은 주차장을 지나 일주문에 들어서면 '소요산자재암(自在庵)이라는 현판이 일중 김충현 서예가의 필적으로 반갑게 맞는다. 자재암은 원효대사가 자재무득(自在無得)의 참된 수행을 했다고 하여 유래한 이름이다.

일주문 지나 우측으로 의상대 가는 길이 있고, 좌측으로 들어서면 원효대사가 고행 수도하였던 원효대와 원효 폭포를 만난다. 곧장 지나면 백운암이 있는데, 이곳은 스님들의 기도처라서 항상 문이 잠겨 있다.

그 옆의 자재암에는 참배장소이자 산행기점이라 휴식도 하고 물을 준비하는 사람들로 붐빈다. 자재암에는 식수를 받을 수 있는 곳이 두 군데 있는데, 나한대 옆 용머리에서 나오는 물은 나한대 석불 뒤에서 흘러나오는 석간수로, 물맛이 시원하고 아무리 가물어도 항상 일정하게 흐른다고 한다. 나한대 옆에는 옥류폭포라 하기도 하고 청량폭포라고도 하는 폭포가 있는데, 오랜 가뭄 탓으로 그 이름이 무색했다.

자재암은 신라 선덕여왕 14년(645년) 원효대사가 창건한 유서깊은 사찰이고, 6.25 때 대웅전, 산신각, 독성각이 파괴되었다가 복원되었다. 원효대사는 어려서는 새털(警懼 서당)이라 불렀으며 승려가 되어서 스스로를 '어두움으로부터 삼라만상을 일깨우는 여명'을 뜻하는 원효(元)라 이름하였다. 환속하여 거사로 처신할 때는 자기를 낮추는 뜻에서 소성(小性)이라 하였다.

특색 있는 5개 등산코스

전설을 빌리면, 소요산은 원효대사와 요석공주의 보금자리다. 원효가 30대의 나이로 전국 방방곡곡 떠돌아다니면서 '그 누가 자루 없는 도끼를 빌려주겠는가. 나는 하늘을 떠받칠 기둥을 적으리라' 는 노래를 부르고 다녔다고 한다. 이때 신라 29대 무열왕(김춘추)이 '필경 이 노래는 귀부인을 얻어서 귀한 아들을 낳고자 하는 뜻이구나' 라 생각하고 '나라에 큰 현인이 있으면 이보다 더 좋은 일이 없을 것이다' 면서 요석공주와 짝을 이루게 하였고. 후에 대유학자가 된 설총을 낳았다는 것이다.

소요산 관리소에 비치된 안내지를 보면 5개 등산코스가 소개되어 있다. 하중 백운대로 하여 선녀탕은 1시간 30분, 상백운대까지 올라 샘에 다다르는 코스는 2시간 30분, 나한대 까지 가서 금송굴은 3시간, 나한대 지나 의상대는 3시간 30분, 공주봉으로 해서 관리소까지 완주코스는 4시간으로 안내하고 있다. 등산객들은 대개 자재암에서 하백운대 방향으로 하여 중 · 상백운대, 나한대 의상대, 공주봉, 관리소로 완주하는 코스를 택한다.

능선길은 하백운대만 올라서면 고만고만하여 여유로운 마음으로 주위 경관도 감상하며 걷는 재미도 있다. 그러나 하백운대 오르기까지는 급경사라 오르는 시간보다 쉬는 시간이 더 길어지는 고달픈 길이다. 산은 크지 않지만 만만하게 보지 말라는 정고로 시작부터 기를 꺾어놓는 것이다.

몇 사람이 여유롭게 산행할 때는 선녀탕 쪽으로 계속 오르는 것도 괜찮다. 깎아지른 듯한 선녀 협곡의 경관도 좋고, 작은 소가 여러 개 있어 물이 좋을 때는 독탕으로 활용해도 좋을 곳도 여러 군데다. 그 길로 곧장 올라 칼바위 능선으로 하산하면 재미있는 코스가 될 것이다.

필자가 선녀탕 비룡폭포 위에서 잠시 쉬고 있으려니 남녀 등산객이 땀을 뻘뻘 흘리며 올라와서는 선녀탕을 묻는다. 선녀탕은 없고 마른탕 밖에 없다고 하면서 여기 아래라고 하니까 공연히 올라왔다며 다시 돌아가는 모습엔 웃지 않을 수 없었다.

선녀탕에서 중백운대와 상백운대 사이로 완만하고 여유로운 등산로가 나 있다. 상백운대에서 우측으로 내려서면 칼바위 능선길이다. 칼바위 능선길은 급경사의 아기자기한 코스이고, 중간쯤 못 내려와서 전망이 아주 좋고 말발굽 가운데 같은 자리에 평평한 큰 바위가 노송 옆에 자리하고 있어 쉬어가지 않을 수 있다. 그곳에서 바라보는 자재암과 의상대, 공주봉, 하백운대, 중백운대 경관이 뛰어나다. 자리를 뜨기 아쉬운 곳, 오수를 즐기고 한 잔술에 세상 이야기도 하다가 내려와도 좋을 곳이다.

하백운대에서 의상대까지는 노송의 여유로운 바람 소리가 옷자락을 잡는 무난한 능선길이다. 그러나 의상대에서 공주봉 사이는 고작 0.7km이지만 길이 험하고 아슬아슬하여 조심해야 할 코스다.

의상대 정상은 온통 톱날 같은 바위 덩어리로 되어 있어 두 발도 편안히 쉴 만한 공간을 주지 않는다 하지만 멀리 국망봉, 명성산은 물론 도봉산 북한산 연봉도 한눈에 들어오는 곳이기도 하다. 원점회귀산행이라 다시 자재암으로 돌아내려 왔다. 암자 입구에 '아무리 비바람이 때린다 하더라도 반석은 흔들리지 않는 것처럼 어진 사람은 뜻이 굳세어 비방과 칭찬에도 움직이지 않는다'는 글귀가 있다. 차돌바위 덩어리 소요산을 보며 마음공부 하라는 뜻의 말 같아 잠시 발걸음을 머뭇거려본다.

(월간산 2001년 7월호)

청량산

위를 보면 아득하고 내려다보면 까마득

경북 봉화의 청량산에는 장인봉, 선학봉, 자란봉. 자소봉 등 12봉과 어풍대, 밀성대, 학소대 등 12대(臺)가 자리하고 있으니 이 산은 더 이상 설명이 필요치 많은 명산임에 틀림이 없다.

봉마다 김생굴, 금강굴, 원효굴 등의 굴이 있는가 하면, 최치원이 마시고 정신이 총명해졌다 는 총명수와 감로수 등의 약수가 있으니 산중의 산이다.

청량산은 산행코스가 몇 가닥 있으나 보편적으로 입석에서 올라 청량사를 지나 자소봉으로 오른 다음 경일봉 쪽으로 하산하여 응진전을 거쳐 입석으로 원점 산행을 많이 한다 . 약 4시간이 소요된다.

다른 한 코스는 입석대 못미처에서 계곡 길로 청량사로 바로 올라 경일봉으로 해서 자소봉을 거쳐 이 산의 정상인 의상봉으로 오른 뒤, 청량교 쪽으로 하산하거나 두들마 계곡으로 하산할 수 있다. 그러나 관리소는 자소봉에서 하산하도록 산행을 유도하고 있으며 경치도 제일 좋다.

입석에서 산행을 시작하면 길이 두 가닥이다. 윗길은 응진전으로 가게 되어 있으며, 좌측으로 가면 퇴계 선생의 글방이었다는 오산당(경북유형문화재 제244호)에 이른다. 오산당 옆에는 산꾼의 집이라는 초막이 있는데, 여기서는 10년 전부터 산꾼 이대실씨가 살고 있다. 그는 이 산을 찾는 이 모두에게 약초차 한 잔을 대접하고 벗으로 생각하며 구수한 산 이야기를 털어 낸다. 10년 공부하였으니 이제 하산도 할만한데 서편에 지는 해의 모습이 너무 아름다워 떠나지 못한다고 하신다.

"혼자서 어떻게 살았느냐?" 고 물었더니 "처음에는 멋모르고 지내다가 3년째가 되어서는 외로워서 눈물이 나고 참을 수가 없어 내려가려고도 했다' 면서 "이젠 이왕 나선 길, 저 언덕을 넘어야 하지 않겠느냐' 고 하는 걸 보니 어두워도 길이 보이는 경지에 이르지 않았나 싶다. 등산객은 그곳에 들러 차 한잔하면서 길 안내도 받고 벗도 해주고 떠나면 하루가 편하지 않을까 싶다. 오산당에서 조금 더 가면 청량사에 이른다.

청량사는 신라 문무왕 3년(663년)에 원효대사가 창건한 고찰인데 유서 깊은 곳이다. 청량사에는 진귀한 보물이 2점 있다. 하나는 지불(紙拂 · 종이로 만든 부처)이고, 하나는 고려 공민왕이 홍건적의 난 때 피난 와서 머물면서 쓴 유리보전 현판이다. 국내에서 유일한 지불은 지금은 금으로 칠했다 한다.

절경의 기암봉 사이로 등행길

청량사 앞뜰 암반 위에는 수백 년 된 적송 한 그루가 있다. 청량사 창건 당시 아랫마을에 뿔이 셋있는 소가 한 마리 있었는데, 청량사 지을 자재를 나르는 일에 쓰였다. 절 준공 후 소는 죽었고 그 공을 생각해서 들에 묻었더니 가지가 셋인 적송이 자라났다. 그래서 그 나무를 삼각우총(三角牛塚)이라고 이름 지었다는 전설이 있다.

청량사 계곡 건너 맞은편에 축음봉이 있는데, 공민왕이 피난했다는 오마대와 공민왕당이 있으며 산성을 쌓은 것이 지금도 남아 있다. 그때 신돈을 만났다고 한다.

등산로는 청량사 뒤로 나 있다. 청량산의 봉우리는 서울의 도봉, 북한산 바위같이 잘생긴 바위들이 아니라 태고의 신비를 가득 안은 퇴적편마암으로서 무수한 바위봉들이 절경을 이루고 있다. 위를 쳐다보면 아득하고 내려다보면 가마득하여 현기증 나는 곳이 한두 군데가 아니다. 그렇다고 힘들고 까다롭지도 않게 등산로가 만들어져 있다.

정상인 자소봉은 산 안내책자에 보면 보살봉이라고 기록되어 있다. 안동에서 가면서 바라보면 보살이 앉아 있는 것 같다 하여 보살봉으로 구전되어 내려왔는데, 지금은 안내표지판에 모두 자소봉으로 표시되어 있어 착각할 수 있다.

이 산은 봉마다 멋진 노송이 한 그루씩 서서 솔바람의 속삭임으로 운치를 더해주고 있다. 자소봉에서 조망해보면 낙동강 강줄기가 감싸 안은 청량산자락의 모습은 일품이다. 자소봉에서 경일봉으로 내려가는 능선 길은 여유로움이 있고 콧노래가 절로 날 정도다. 경일봉에 도착하면 한잔 술이 생각날 정도로 편안해진다.

금탑봉 아래엔 서예 대가 김생이 도를 닦고 서예를 익히던 김생굴이 있다. '김생이 3년 동안 공부를 하고 하산하려고 하는데, 어느 날 젊은 여인이 나타나 선생의 서예와 자기의 길쌈 솜씨를 한번 겨루어 보자고 하여 겨룬 바, 선생은 글씨가 미숙함을 깨닫고 한층 더 수련하여 명필이 되었다' 는 전설이 지금도 전해지고 있다. 그 당시는 국전이 있어서 입선 특선한 것도 아닌데 지금까지 명필로서 이름이 전해져 내려오니 오늘의 서예인들은 한 번쯤 돌이켜 생각해보는 마음가짐이 있어야할 것이다.

청량산에는 이 밖에도 최치원이 공부했다는 고운굴을 비롯하여 성현들의 전설과 발자취가 서려 있는 곳이 많다. 퇴계 선생은 '청량산가 라는 제목의 글을 남겼다. 산 입구 큰 바위에 청량산이라고 쓰여 있고 그 뒤에 퇴계의 시가 새겨져 있다. 청량사 주변은 천연적인 요새로서 정남향의 산자락에 있으며 동 · 북 · 서 삼면이 완전히 막히고, 남쪽도 안산이 가로막고 있는 천혜의 터전이다. 특히나 가을과 겨울에 이곳은 정말 고요한 산사가 아닐까 싶다.

누가 오라고 하지 않아도 스스로 찾아오는 사람이 많은 것은 모두 자연의 힘이 작용하고 있는 것이다. 자연의 신비로운 기운이 몸에 들어오니 기분이 좋고 즐거운 표정으로 변하는 것이다.

(월간산 2001년 9월호)

주왕산

그 넉넉한 자락에 한 그루 소나무 되고파

바위로 솟구쳐 비경을 이루고 있는 주왕산은 산 입구를 들어서자마자 기암(旗嵓)이 짙푸른 수목을 거느리고 기운 좋게 불쑥 솟아 있다. 이 바위봉이 주왕산의 얼굴격이다. 가까이 다가가면 그 위용이 쳐다보기만 해도 현기증이 날 정도로 대단하다. 주왕산은 연화봉, 시루봉, 향로봉 등 12봉과 학소대, 급수대, 망월대 등 곳곳이 주왕의 전설로 얽혀있다.

해발 600m 이상의 암봉이 병풍처럼 연이어져 있어 석병산이라고도 한다. 산 입구에는 대전사(大典寺)가 있다. 신라 문무왕 때 의상대사가 창건하였으며 고려 때 주왕의 아들 대전도군의 이름을 따 대전사로 고쳤다고 한다.

주왕산 등산코스는 이곳 대전사에서 여러 가닥이 뻗어 나간다. 짧게는 30분 길게는 6시간이 소요되는 코스가 있기에 산행능력에 따라 관리소의 안내를 받아 산행하면 무리가 없을 것 같다. 관광객과 등산객이 같이할 수 있는 코스는 대전사에서 제1폭포, 학소대, 시루봉, 제3폭포, 내원 마을 왕복코스다. 이 길은 잘 정비되어 있어 누구나 갈 수 있으며 경치도 점입가경으로 아름다워지고 신비스럽기까지 하다.

계곡 들머리부터 검은 떡바위와 흰 자갈에 갈대가 어우러져 있고 청정한 물이 흐르니 발걸음이 멈추어진다. 천천히 걸으면 물소리와 갈대들의 속삭임이 또한 아름다워, 나 혼자만이 아니라 같이 하는 동행인이 있었으면 하는 아쉬움이 든다.

학소대와 병풍바위를 지나면 그 위용에 나의 존재가 이렇게도 작을 수 있을까 하는 생각이 든다.

시루봉은 떡 찌는 시루 같다고 하여 옛사람들이 그렇게 명명하였지만 천 년 세월 묵묵히 흘러가는 옥빛 물길이 너무 아름다워 넋을 잃고 내려다보고 있는 사람의 형상이 완연하다. 시루봉 위의 노송은 그 수를 다하여 깡마른 가지로만 남았다.

시루봉을 지나면 제1폭포가 나온다. 폭포의 높이는 얼마 되지 않지만 수량은 많아서 바위 홈을 타고 내려와 선녀탕과 구름소에서 여유로이 머무르니 보기에도 너무 편안하다. 폭포를 가운데 두고 둘러서 있는 기암들은 찾는 이들에게 탄성을 자아내게 하는 최고의 절경이다.

그곳을 지나면 대피소가 있다 대피소에는 내원마을에서 3년 전에 내려온, 사슴 할아버지로 불리는 권영도씨(57)가 있다 주왕산의 지킴이 역할을 단단히 하고 있다. 보기에는 수염을 길러서일까 정말 산 할아버지인데, 산사람이라 동작이 무척 빠르다. 그곳에서 '山' 자를 목각하여 목걸이를 만들어 팔면서 등산객들과 벗하고 차 한 잔을 나누면서 안내를 도맡아 하신다.

오지마을서 10년 살아온 시인

대피소에서 조금 오르면 제2폭포, 제3폭포 갈림길이 있다. 우측으로 200m 가면 제2폭포가 있고 좌측으로 600m 정도 가면 제3폭포가 나온다. 제3폭포는 두 재의 폭포가 연결되어 있는 2단 폭포로 전체 높이가 20m쯤 되는데 바위와 단풍의 조화가 신이 만든 절경이라 할 것이다. 이곳에 오래 있다 보면 웅장한 물소리에 넋을 잃고 무아경에 이를 것 같다. 폭포 주위 절벽은 붉은 몸집에 파란 옷을 걸쳤으니 그 색의 조화 또한 일품이다.

제3폭포에서 15분 정도 걸리는 곳에 내원 마을이 있다. 이곳은 6.25전쟁 전에는 70여 가구가 살았으나 지금은 8가구뿐이다. 전기가 없는 곳, 전화가 없는 곳이며 핸드폰도 되지 않는 곳. 그러나 바로 그런 오지마을이기에 주왕산 명물로 자리 잡았다.

내원 마을로 들어가는 길은 잘 닦여져 있다. 산세로 보면 마을이 있을 것 같지 않은데 굽이굽이 돌아가면 길이 열린다. 개울물이 청송을 물고 유유자적 흐르는 모습이 여유롭다. 늘 바쁜 나에게, '뭐 그리 바쁘게 사는고' 하며 가르침을 주는 것 같다.

내원 마을은 이제 등산객의 휴식처가 되었다. 파전에 막걸리 한 잔으로 등산길 피로를 개울물에 떠내려 보내고 나서 앞을 보나 뒤를 보나 붉은 단풍이다. 내원 마을에서 가족은 생각 많고 산이 좋아 주저앉아 살아가는 이준상 시인을 만났다. 호롱불 아래서 10년 세월 지났으니 무엇이 되어도 되지 않았겠나 하는 생각이 든다.

이 시인은 시집을 2권을 내었다 그 중 '내원동 가는 길' 시가 있다.

산그늘 /물무늬 무늬 / 따라 오르면 / 흰 구름 이마에 걸리고 / 이따금 산동박잎 / 연서로 날아와 /두 볼을 물들이네 /산국화 / 노오란 꽃가루 / 향기로운 가을 안개 / 꿈에 젖은 / 산골짝 / 산은 시인을 만든다는 생각을 나는 한다. 많은 것을 느끼게 한다.

내원 마을에서 되돌아 나오기까지 왕복 3시간 정도 걸린다. 가메봉으로 해서 칼등고개 지나 720m의 주왕산 정상 거처 대전사로 내려오는 길은 6시간이 소요된다.

가메봉에서 절골로 내려오면 아직 발길이 많이 담지 않은 곳이라 청정한 맛이 느껴질 것이다. 금은광이로 해서 달기약수로 가는 길에는 높이 11m의 남성적인 달기폭포가 항상 물보라에 휘감겨 있어 선경에 온 듯한 느낌을 줄 것이다.

한편, 부동면의 주산지는 호수 속에 30그루의 왕버들이 자생하고 있어 신비롭다. 주왕산은 그리 높지 않아 어느 코스로 산행해도 무리 없는 등산이 될 것이다.

주왕산은 원래 720m 봉을 정상으로 하여 안내책자에 소개되어 있으나 국립공원으로 지정되면서 800m인 가메봉을 정상으로 부르고 있다.

그러나 최근 부산지도사의 조사에 의하면 왕거암이 907m로 확인되어 정상으로 정해야 된다고도 주장한다.

주왕산 산행을 마치고 돌아서노라니 '당신이 산이라면 그 넉넉한 자락에 나는 한 그루 소나무로 자라고 싶다는 글귀가 생각난다.

(월간산 2001년 11월호)

치악산

우리의 무질서와 다언(多言)을 깨닫게 하는 눈꽃 명산

등산의 일미(逸味)는 까다로운 산길을 숨을 몰아쉬며 땀을 뚝뚝 흘리다가 갖은 풍상 겪은 노송 아래에서 동료들과 담소하며 과일 한 쪽 나누어 먹는 그 맛이다. 정상을 밟고 나서 한 바퀴 휘돌아볼 때 만봉위에 우뚝 선 자신의 모습에 만족함이 또한 일미다. 치악산에서는 그런 멋이 특히 두드러진다.

전국의 유명하다는 산은 한두 곳의 악명 높은 등산로가 있기 마련이다. 치악산은 어감이 그악스러운 악자와 치자로 이름 지어져, 초심자는 이름만으로 겁이 덜컥 나게 한다.

이 산중의 여러 등산코스 중 역시 명코스는 구룡사 기점의 사다리병창 코스다.

병창이란 말은 강원도 방언으로, 벼랑이랄 말이다. 성인들이 고행의 길을 걸어 득도하듯이 고난의 코스를 통과하고 등정했을 때의 그 쾌감과 '해냈다' 는 자부심 때문에 사다리병창 코스는 찾은 이를 골탕먹이는 코스인데도 인기가 최고다.

치악산은 사계절 언제 탐해도 부족함이 없는 곳이다. 겨울이면 눈이 많아 나무들이 눈꽃터널의 장관을 연출한다. 골짜기의 큰 바위들이 하얀 눈 이불을 덮어쓰고 있는 모습은 시골집 방 한 칸에 이불 한 장으로 온 식구가 덮고 자다가 찬바람 몰아치면 서로 이불자락 잡아당기던 옛 기억을 돌이키게 한다.

구룡사 일대에는 수령이 몇백 년은 됨직한 굵직굵직한 소나무들이 많은데, 황장목(養賜木)이라고 한다.

이황장목은 대궐을 짓거나 왕실의 널을 짜는 데 쓰이는 것으로서 함부로 베지 못하게 하였다. 구룡교 지나 길 언덕에 황장금표(黃繼禁標)라 새긴 바위 표지가 있다.

구룡사 들어가는 길에 황장목이 백발의 모습으로 도열해있는 모습은 장관이다. 구룡사 앞을 지나면 미륵불이 자비로운 모습으로 온갖 중생들의 삶을 내려다보고 있고, 은행나무 한 그루는 200년이 넘는 수령이지만 청년 같은 늠름함이 엿보인다.

구룡사 지나 구룡폭포는 물줄기를 얼음으로 품어 안고 있다. 주위의 아름다운 풍광은 치악산 최고의 비경인데, 가을에 이곳을 찾은 어느 아가씨가 예쁜 편지를 써서 단풍나무에다 압핀으로 꽂아두었다.

작은 편지봉투에는 '제가 세상에서 가장 사랑하는 사람에게 보내는 글입니다. 제발 건드리지 말아 주세요' 하고 '사랑해' 세 글자를 5번 쓴 것을 보았다. 필자는 궁금했지만 제발 건드리지 말아 달라는 글귀 때문에 만질 수 없었다. 다음에 갈 기회가 있다면 꼭 한 번 내용을 읽어보아야겠다.

기와지붕 연상시키는 아흔아홉 골

구룡사에서 세렴폭포까지 1시간 거리의 계곡 길은 잘 정비되어 있어 특별히 준비하지 않아도 오를 수 있다.

세렴폭포 50m 전방에 세렴 통제소가 있고, 이곳에서 사다리병창으로 오르는 급경사 계단이 있는 능선길과 계곡으로 가는 갈림길이 나뉜다. 오후 1시 이후에는 올라가지 못하게 한다. 1시 이후 비로봉을 올랐다가는 일몰 시간까지 돌아올 수 없어 조난당할 염려가 있기 때문이다.

세렴폭포는 막상 가보면 이게 폭포야 할 정도로 낮은 2단 폭포다. 이름 붙이기가 민망할 정도이나 그 이름이 많이 알려지고 불려지는 것은 등 하행 시 쉼터이고, 산행준비상태를 다시 한 번 점검하는 곳이기 때문에 유명해지지 않았나 싶다.

사다리병창에 200개가 넘게 설치된 계단을 보고 겁에 질려서 이제 그만 가자고 할 사람도 생길 것이다. 하지만 한 계단 한 계단 오르다 보면 몇몇이 둘러앉아 정담을 나눌 수 있는 명당 쉼터도 있다. 너무 서둘지 않고 오르면 정말 명 코스가 된다. 3km지만 평지 보다는 3배 정도 시간이 소요됨을 감안해서 산행해야 한다.

옛날 구룡사 창건시 연못을 메울 때 용들이 도망가면서 산을 8개로 쪼개어 놓았다는 전설도 있지만, 정상에 올라보면 헤아릴 수 없는 봉들이 위용을 자랑한다. 나무들은 열병식 하듯 남으로 가지를 뻗고 있다.

비로봉 정상의 돌탑은 북쪽에서부터 칠성탑, 신선탑, 용왕탑 3개인데, 용왕탑만 온전한 형태로 남아 있고 두 개는 반 이상 허물어져 있다. 이리저리 자리를 옮기며 탑들과 주위 산릉들의 어울린 모습을 보면 마치 돌탑들에서 치악산 줄기들이 뻗어 나간 것만 같으니, 이 비로봉 정상의 돌탑들은 치악산이 태어나면서 함께 예정되었던 것인가. 정상에서 남쪽 치악 주능선 쪽을 바라보면' 치악산 아흔아홉골' 이 과장이 아님을 알 것이다. 주능선 양쪽으로 능선들이 기와지붕을 연상시킬 정도로 촘촘하게 뻗어 내렸다.

사다리병창을 오른 등산객들은 산신령에게 '올라오게 해주셔서 감사합니다' 하고 돌 하나씩 놓고 가기도 한다.

눈 덮인 치악은 많은 가르침을 준다.

발도 달리지 않은 나무들의 정연한 모습에 발 달린 우리들의 무질서가 부끄럽고, 계곡의 바위 군상들의 침묵은 우리의 지나친 다언(多言)을 훈계하고 있다. 봄의 전령이 다리를 놓을 때까지 자리를 지키라면서 백의의 옷을 차려입고 느긋이 기다리는 모습은 너무 아름답다.

구룡사 지나 조금 오르면 약초원이 있다. 이곳에는 오래된 산수유나무가 300그루 있고 기타 약초를 많이 기른다.

여기서 나오는 산수유술은 산수유 열매를 술에 담그어 6개월간 숙성한 뒤 걸러서 6개월간 다시 숙성시킨다고 한다.

산수유나무가 지금은 흰 눈꽃을 피우고 있지만, 봄의 천사가 찾아오면 노란 꽃으로 계곡을 덮는다.

흰 눈 덮인 치악을 백지 위를 더듬듯 푹푹 빠지면서 눈의 터널을 걸어가노라니 수많은 사연이 활자로 찍히는 것도 같다.

(월간산 2002년 1월호)

오대산 소금강

솔가지에 바람 찾아드니 퉁소 소리 절로 나는 듯

조물주가 백두대간 큰 줄기 허리 근처에 천하명산 오대산을 빚어 놓고 그 동편에 빼어난 절경을 만들었으니, 바로 명승 제1호로 지정되었던 소금강이다. 지금은 오대산 국립공원에 속해 있지만, 소금강은 오대산의 분위기와는 아주 다르며 설악산보다 규모는 작지만, 수려하고 아기자기한 맛은 더 뛰어나다.

오대산쪽은 명찰인 월정사와 상원사가 있고 부처님 진신사리를 모신 적멸보궁이 있다. 그 명성 때문에 불자들이 많이 찾고 등산객들도 그곳으로 많이 가기에 소금강의 절경은 오히려 숨겨져 있는 느낌이다.

청학동은 동으로 천마봉, 서쪽으로 노인봉, 남쪽으로 소황병산, 북으로 백마봉이 에워쌌다. 그 산자락들이 사방에서 모여들어 사문닫이계곡, 선녀탕계곡, 구룡폭포계곡, 은선계곡 등 많은 기묘한 계곡을 이루었다.

한바탕 전쟁을 치른 듯 절벽이 생기고, 크나큰 포탄에 맞은 듯 바위들은 기암괴석으로 서고, 혹은 소(沼)가 되고 폭포도 이루었으니, 이곳을 찾은 이들은 그만 절경에 취하여 해가 저무는 것도 잊고 있다가 종종걸음을 친다. 이 천하 절경 지대를 옛사람들은 신선이 놀고 선녀가 내려와 목욕하며 청학이 날았다고 하여 청학산(靑鶴山)이라고 불렀다 한다.

소금강 관리사무소에서 10여 분 오르면 산행 들머리 초입에 '소금강(小金剛) 명승 제1호 청학동' 이라고 쓴 표지석이 서 있다.

이 표지석의 글씨는 율곡 이이 선생이 금강산보다 못할 바 없는 작은 금강산이라는 뜻에서 명명하고 직접 휘호 하였다고 전해지고 있다.

한겨울 평일을 택해 소금강계곡에 들어서니 송림이 우거지고 인적조차 느낄 수 없는 조용한 가운데 청학 산장이 있다. 여름이면 발 디딜 곳 없이 많은 사람이 찾아오는 곳이지만, 겨울 찬 바람에 모두들 발길을 뚝 끊었다. 그러나 지금 솔가지에 바람이 찾아드니 통소 소리가 절로 나는 듯하고, 새소리가 구름과 섞이니 바로 청학의 노래인 듯싶다.

소금강은 골이 좁고 절벽이 깎아지른 듯하여 사람들이 몸을 붙여 살기가 어려운 곳이지만, 옛날에는 원통암, 백운암, 모연암이 있었다. 여기에 숨어 정진하려는 선객들이 많았지만, 지금은 금강사만 남아 있고 수행자들의 발길 또한 뜸하다. 반면에 관광객들은 갈수록 많아지고 있고 여름철은 오히려 피해야 할 정도이니 이곳 풍광도 훼손되지 않을까 걱정이 앞선다.

율곡 이이가 자주 찾아들어

금강사를 지나면 식당암에 이른다. 이곳은 마의태자가 병사들과 들어와 머문 곳이라 한다. 율곡 선생이 생가와 가까운 곳이라 자주 찾아 호연지기를 기르고 산천을 즐기며 식사를 하였다 하여 식당암이라 명명되었다고 한다. 지금은 흰 눈이 내려 밥상을 차려 흰 보자기로 덮어두고 님 오기를 기다리는 애절한 정이 깃들어 있는 것 같다. 옛날에는 신선암이라고도 불렀다고 한다.

금강사 지나 삼선암에 이르면 깎아지른 절벽이 바위병풍 둘러친 듯 아름다움이 이루 말할 수 없다. 벼랑에 쭉쭉 뻗은 적송은 기운이 넘쳐흐르고, 머리는 흰 눈을 써서 백발인데 조금도 추워 보이지 않고 오히려 청청한 모습에 힘이 솟는다.

또 한참을 오르면 구룡폭포가 나온다. 폭포 못미처 왼쪽으로 길이 있고, 조금 오르면 폭포 상단부에 이른다. 구룡폭포는 봄, 여름, 가을 시원한 물줄기로 ant 사람의 발길을 잡지만, 지금은 잠시 숨을 고르는 듯 흰 장막을 내려 걸었다. 봄의 전령이 올 때까지 '관람불가' 팻말을 내건 것 같다.

얼음 밑 물줄기는 겨울잠에 빠져들어 있는가 했더니 폭포 밑에 숨구멍을 뚫어놓고 콸콸 쿨쿨 긴 숨을 몰아쉬며 흘러가고 있다. 이곳에서 기념사진도 많이 촬영하지만 시간에 쫓기는 등산객은 올라볼 생각도 하지 않고 지나쳐 버린다.

구룡폭포 계곡 북쪽에는 아미산성이 있다. 신라시대 고성으로 마의태자의 전설이 얽혀 있는 곳이다. 고려에 끝내 항복하지 않은 신라왕족들의 마지막 삶의 자리가 아닌가 싶다.

구룡폭포에서 노인봉을 향하여 계곡을 따라 한참 오르면 구곡담, 선녀탕, 만물상 절경이 펼쳐진다.

귀면암, 일월암 등 이름 그대로 만 가지 형상을 하고 있다.

귀면암은 대관령 억센 바람이 싫어 피해 내려온 노인봉 노인일까. 만물상에 내려와서 선녀들의 목욕 모습 훔쳐보는 속 검은 노인 같기도 하다. 생각 따라 바라보면 그 모습도 달라진다.

노인봉에 대한 전설이 있다. 세조가 상원사에 들렀을 때다. 어느 날 밤 세조가 꿈을 꾸었는데, 하얀 옷을 입은 백발노인이 이런 부탁을 했다. "오대산 동대에서 50리쯤 떨어진 곳에 청학사라는 절이 있소. 나는 그곳에서 중생들을 제도하고 있는데 절이 너무 오래되어서 다 쓰러져가고 있어 큰 걱정이오. 왕은 절을 다시 일으켜 불법을 널리 전하는 데 도움을 주시오." 이런 꿈을 꾼 세조는 곧 사람을 보내 찾아보니 청학산에 퇴락한 암자가 하나 있었다. 이 암자를 크게 중창하고 청학사라 이름을 붙이도록 했다고 한다.

청학사는 정조 대까지 많은 수행자들이 찾아와 머물렀으나 정조 7년에 원인 모를 불이 나 폐허가 되었다 한다. 노인봉의 명명도 세조 꿈속의 백발노인과 무관하지 않으리라 믿어진다.

만물상은 위에서 내려보면 청학이 날개를 젓히며 나는 모습이니 노인봉 찾아가는 등산객들은 늙은 노인의 환대 속에 올라가고 내려올 땐 학을 타고 내려가는 듯 즐거운 마음으로 하루 산행을 마무리 해야겠다.

(월간산 2002년 2월호)

속리산

잠시 머물고 있으면 구름 타고 선계에 든 듯

속리산은 천황봉, 비로봉, 입석대, 신선대, 문수봉, 문장대, 관음봉, 두루봉, 묘봉 등의 준봉으로 장엄하게 뻗으며 헌걸찬 기상을 내보이는 명산이다. 경상북도와 충청북도가 이 산릉을 경계로 나뉜다. 옛날에는 봉우리 아홉 개가 솟아올랐다 하여 구봉산이라고도 했다.

속리산의 최고봉은 천황봉으로 1,057m이며, 이 봉에서 문장대까지 주능선에 형님 아우 하면서 여러 봉우리들이 키 자랑을 하고 있다. 여러 형제들 성격이나 모습이 다르듯이 봉마다의 모습이 제각각이다. 우리나라의 큰 산 밑에는 큰 도시가 있게 마련인데, 이곳은 사람이 많이 모여 사는 도시가 없다 속리산에서 가장 가까운 읍내가 40여 리 떨어진 보은이다. 속리(俗離)라는 이름 그대로 세속에서 멀리 떨어져 있는 산이다.

속리산에는 천황봉과 비로봉이 있다. 우리나라 명산 중엔 최고봉이 비로봉이나 천황봉인 것이 많다. 그러나 천황봉이 있으면 비로봉이 없고, 비로봉이 있으면 천황봉이 없다. 속리산에는 둘 모두가 있는 것은 예사롭지 않다.

천황(天皇)은 우리 고유 신앙에서 상제님, 혹은 하느님으로 부르는 우주에서 가장 높은 존재다. 한편, 비로(毘盧)는 비로자나불의 준말이다. 비로자나불은 불가에서는 최고의 부처님으로 받들고 있는 법신불(法身佛)인데, 이 천황과 비로가 모두 있으니 우리 조상이 속리산에 부여해온 신성 (神聖)이 어떠했는가를 짐작하게 한다.

속리산 하면 정이품 소나무와 법주사가 먼저 생각난다. 아름드리 소나무에 정이품 벼슬을 제수한 이는 조선조 세조다. 세조의 행차 때 스스로 가지를 들어 왕이탄 연(가마)이 지나갈 수 있게 했다고 하여 정이품의 벼슬을 내렸다는 전설이 있다. 600여 년이 지난 지금의 정이품송은 한쪽 가지는 부러져 나갔고, 남은 가지도 기둥을 세워 받치고 있다. 병들어 힘 못 쓰는 늙은 노인같이 치료받고 있는 모습이다.

문장대엔 문필의 기운 가득

관광단지를 지나며 오리숲길이 시작된다. 아름드리 낙락장송과 느티나무 고목들이 천년세월을 품고 선 자태가 고고하고 아름답다. 그 끝나는 지점에 법주사 일주문이 우람하다. 호서제일가람(湖西第一伽藍)이란 글귀가 마음을 숙연하게 한다.

일주문 조금 지나면 먼저 거대한 미륵불상이 눈에 들어온다.

지금은 이 미륵불상에 금장을 하고 있다. 미륵불상 뒤에는 아담하게 생긴 산봉우리가 하나 불쑥 솟았다. 이곳이 법주사의 주산인 수정봉인데, 수정처럼 예쁜 봉우리다. 두루 살펴보면 수정봉을 중심으로 속리산 주능선의 봉들이 보호하듯 에워싸고 있으니 이곳이 노른자위 명당임이 틀림없다. 이곳에 호서제일가람이 자리 잡고 있으니 많은 수행자들이 깨달음을 얻었으리라,

법주사 앞에는 문장대에서 내려오는 물이 큰 내를 이루어 법주사를 감싸 안고 흐르고 있다.

이 내는 물이 맑고 사람들이 들어가지 못하게 울타리를 해두었기에 물 반 고기 반이라고 한다. 물고기의 천국인 셈이다. 법주사 못 미처 안내판의 산행코스를 짚어보고 돌아서는데 진군하는 군인들 같이 씩씩하게 무리지어 오는 등산객들을 만났다. 일행 중 이상인 씨와 인사를 나누게 되었다.

진주의 비전산악회에서 왔다며 차량 18대에 700~800명은 될 거라고 한다. 등산 개인 사이트도 운영 한다는 그는 문화유적에도 깊은 관심을 갖고 있었다. 복천암을 지나 중사자암으로 향했다. 중사자암은 천 년 세월을 지나도록 유지되는 것을 보면 많은 수행자들이 찾아들었다는 뜻일 것이다.

주위 경관이 아름다워 암자 중 최고로 꼽힌다는 사람도 있다. 중사자암 가까이에 사자같이 생긴 바위가 있다. 불가에서는 문수보살이 사자를 타고 다닌다고 한다. 이곳에 사자 바위가 있으니 문수보살이 상주한다고 믿으며, 문수보살의 인도로 큰 깨달음을 얻은 수행자가 많이 나왔다고도 한다.

문장대까지는 돌계단이 잘 정비되어 있어 오르는 데 어려운 점은 별로 없다. 문장대는 둥글 뭉실하게 찰떡을 층층으로 뭉쳐놓은 듯하여 후덕한 느낌이 든다. 몇백 명이 쉬어도 됨직한 자리가 있다.

옛날에는 문장대 정상 가마솥만 한 구덩이에서 쉼 없이 물이 흘러내렸다 한다. 비가 많이 왔을 때나 가뭄일 때나 수량이 똑같았으며, 이 물이 세 줄기로 흘러내렸는데 동쪽으로 내린 물은 낙동강의 원천이 되었고, 서쪽으로 내린 물은 한강이 되었으며, 남으로 흐른 물은 금강과 합류했다고 한다.

문장대의 모양은 뭉툭한 붓같이 생겨 문필의 기운을 품고 있다. 여기서 문장(支藏)이란 이름을 얻었으리라 문장대에서 바라본 주위 경관은 매우 뛰어나다.

관음봉을 바라보면 불상이 온산을 덮고 있는 듯하고, 온화하며 수려하다. 남으로는 칠형제봉이 바로 눈앞에 보인다. 좌측 능선으로 형제들이 문장대를 바라보고 차례로 늘어서서 인사드리고 있는 듯하여 보기만 하여도 기분이 좋아진다.

신선대와 청법대, 입석대 바위들은 하늘을 누가 먼저 찌를까 경쟁하는 듯 그 모습도 기이하다. 문장대와 천황봉의 온화하고 후덕한 바위들과는 대조적이다. 비로봉은 삼각형으로 생겨 안정감을 느끼게 하고 온갖 번뇌에도 마음이 흔들리지 않는 대인 같아 성스러운 기상이 감돈다.

이곳에서 계룡산과는 200리가 넘는 거리다. 그러나 맑은 날 천산만봉의 계룡산 산줄기들이 겹겹이 솟아오른다. 잠시 머물고 있으니 마음이 구름 타고 선계에 들어간 듯하다.

우리는 무엇을 얻으려고 산을 오르고 있는데 개울물은 이미 깨우침을 얻어 밖으로 나가고 있으니....

(월간산 2002년 3월호)

계룡산

그 기운이 오묘하고 전설이 아름다워

계룡산(鷄龍山)은 845.1m의 그리 높지 않은 산이지만, 천황봉 관음봉 연천봉 등 10개의 준수한 산봉을 거느리고, 동학사계곡 갑사계곡 등 10여 개 아름다운 계곡에 은선폭포 용문폭포 등 시원한 폭포를 품은 산으로, 예부터 그 자락에 도읍이 될 만한 명당터가 있다고 전해왔다.

옛 예언서에 우리나라 도읍 터로는 계룡산 아래 금강이 가장 좋고, 송악(개성)이 그다음이고, 한양(서울)이 셋째요, 넷째는 평양, 다섯째가 경주라 했다. 조선 태조가 천도하려 했던 곳인 계룡산 자락 신도안은 지금은 정부 주요 청사가 들어 있고, 삼군부가 자리 잡고 있다.

옛 선지자들은 왜 계룡산을 우리나라 최고의 도읍터로 보았을까. 우선 산줄기의 흐름이 매우 특이하다. 백두대간이 지리산 북쪽 영취산 즈음에서 서쪽으로 내뻗은 지맥인 금남호남정맥(錦南湖南正脈)은 팔공산에서 북쪽으로 방향을 틀어 마이산을 솟아 올린 후 주화산에서 다시 갈라진다.

그 중 북상하며 운장산 대둔산을 만들고 금강에 이르러 쉬었다가 남은 기운을 다 털어놓은 곳이 금남정맥의 계룡산이다. 조령산, 속리산에서 영취산, 마이산, 주화산, 대둔산, 계룡산까지 굽이치니 이는 산태극(山太極)이라 한다.

한편, 금남정맥이 백두대간에서 갈라져 나오는 지점에서 발원한 금강은 계룡산 북쪽 공주로 해서 부여로 휘감아 돌며 서해 바다로 흐른다. 금강이 금남정맥과 같이 태극형상으로 돌아가니 이를 수태극(水太極)이라부른다. 이렇듯 강물과 산맥이 태극형상으로 굽이쳐 왔기 때문에 계룡산을 극히 귀하게 여기고 천하명산이라고 부른다는 것이다.

계룡산 최고봉인 천황봉에 올라 사방을 둘러보라. 동쪽으로 소백에서 지리로 이어지는 백두대간의 연봉들이 거대한 용의 모습으로 이어지고, 서쪽으로는 칠현산에서 국사봉으로 오서산까지 뻗어가는 금북정맥(錦北正脈)과 서해바다까지 한눈에 들어온다.

북으로는 칠현산에서 광교산으로 뻗어가는 한남정맥(漢南正脈)이 있고, 남으로는 내장산 무등산으로 이어지는 호남정맥(湖南正脈)이 보인다. 이런 전망을 지닌 산이 우리나라에 몇이나 되겠는가. 그러니 예부터 계룡산을 천하명산이라 하지 않았나 싶다.

경승으로도 천하명산

경승지로도 계룡산은 천하명산이다. 많은 사람들은 보통 춘동학(春東鶴), 추갑사(秋甲寺)라 하지만 그 외에도 계룡 8경이 있다. 제1경은 천황봉 일출, 제2경은 삼불봉 설화(雪花), 제3경은 연천봉 낙조(落照)로, 논산과 공주 일대 들녘의 아름다움과 은빛으로 반작이는 백마강의 물줄기가 절경을 이룬다.

제4경은 관음봉 한운(閑雲)이니, 관음봉 전망대에서 멀리 바라보면 산봉들의 모습이 구름에 떠 있는 것 같아 바라만 보아도 신선이 된 듯한 느낌이 든다.

제5경은 동학사 계곡의 벚꽃과 신록(新綠)이다. 4월 되어 동학사 들머리의 벚꽃 터널에 들어서면 벚꽃들이 바람 따라 흰 눈을 뿌리는 듯하다 감탄하여 저절로 입이 벌어져 꽃잎이 입안 가득 들어가도 모른 채 걷게 될 정도다.

제6경은 갑사 계곡 단풍(丹楓)이다. 갑사의 가을은 너무 아름다워 갑사에서 금잔디고개로 오르는 길을 걷다 보면 단풍 빛에 몸과 마음이 붉게 물들어 쥐어짜면 붉은 물이 주르르 흐를 정도다. 갑사 주위의 감나무 고목들은 수천 개의 감을 가지에 달고도 끄떡도 하지 않는다.

갑사는 백제 구이신왕 때 아도화상이 창건한 명찰이다. 숱한 수행자들이 거쳐 간 성스러운 도량이며 신라 시대에는 화엄종의 10대 사찰의 하나였다.

제7경은 은선폭포의 운무(雲霧)다. 동학사계곡의 은선폭포는 수량 많은 여름이면 물보라를 일으키고 종종 골에 안개가 들어차니, 이를 이르는 것이다.

제8경은 청령사지 쌍탑(남매탑, 또는 오뉘탑) 명월(明月)이다. 나무 사이로 스며드는 달빛에 비치는 오뉘탑이 너무 아름다워 팔경에 들었다. 동학사 뒤 1.7km 지점의 삼불봉 밑에 탑2기가 나란히 있는데, 하나는 7층, 하나는 5층 석탑이다.

이성 간의 애욕은 허망하고 부질없는 것이니 수행에 전념하라는 무언의 가르침이 담긴 전설이 읽혀 있다. 전설 속의 두 사람은 열심히 정진, 찬란한 깨달음을 얻어 자유자재로운 삶을 누리다가 한날 한시에 열반에 들었고, 이 두 성자의 사리를 모시고 탑을 세웠으니 그것이 바로 남매탑이라는 이야기다. 이야기의 주인공은 신라성덕왕 15년에 당나라에서 입국한 상원화상이라고 전해진다.

예부터 명산에는 명인이 깃든다.

이곳 계룡산에는 계룡구선(鷄龍九仙)이 있었다는 이야기가 있다.

아홉 신선은 구봉 송익필, 율곡 이이, 우계 성혼, 남명 조식, 토정 이지함, 고청 서기, 중봉 조헌, 제봉 고경명, 기허당 영규대사로서, 이들은 생전에 계룡산에서 자주 만났는데 사후에도 음력 칠월칠석 전후 사흘간을 수정봉에 모여 아주 걸쭉하게 어울린다는 전설이 있다.

아홉 신선들의 면모에서 드러나듯이 한국 지성사(知性史) 내지 정신사(精神史)에 심대한 발자취와 영향력을 보인 이 위인들이 계룡산을 중심으로 심성을 도야하고 서로의 사상적 공감대를 형성해 왔다는 것은 계룡산의 기운이 얼마나 상서로운가를 재삼 일러준다고 할 것이다.

계룡산은 동서남북 어디를 보아도 명당터라고들하니 자주 찾아들어 나의 모습을 찾는 깨우침의 시간을 가져야 할 것 같다.

(월간산 2002년 4월호)

북한산

이 산정에 오르면 쳐다보아야 할 산이 없어

수박도 원줄기 아닌 지맥에서 맺히듯, 한강 북쪽으로 뻗어 나간 백두대간 한북정맥이 끝자락에 와서 불끈 힘주어 만든 산이 북한산이다.

이 산의 최고봉 해발 837m의 백운대에서 사방을 둘러보면 쳐다보아야할 산은 하나도 없다. 맑은 날이면 멀리 서해 바다도 보인다.

남산 쪽에서 북한산을 바라보면 불길이 너울너울 타오르고 있는 것 같은 느낌을 준다. 그래서 풍수상으로는 화성(火星)이라 부른다. 화성의 산이 밝고 수려하게 생기면 학자, 문인, 훌륭한 관리, 예술가들이 배출되는 기운이 강하다고 한다. 바로 북한산을 이르는 말이다.

북한산 연봉 중에서 제일 수려하게 생긴 봉우리는 인수봉이다. 새하얀 암봉에 푸른 하늘과 초록 조화를 이루고 있을 때는 천하 명산의 면모를 누구든 느끼게 된다.

북한산은 많은 사람들이 평일에도 찾는 산이라서 등산로도 수없이 많다. 서울 도심과 똑같이 길이 많다. 큰 빌딩 옆으로 큰 길이 나 있고 골목이 있듯이 큰 바위 옆으로 길이 나 있고 아름다운 나무가 세월을 품어 안고 서 있다.

일본의 육순이 넘은 한 등산가는 인수봉이 너무 좋다며 1~2년에 한 번씩 인수봉을 찾아 바위 타기를 한다. 그는 인수봉을 일본에 소개하면서 암벽 루트 개념도 곁들였는데, 그 세세함에 감탄을 금치 못할 정도다. 인수봉을 빼앗긴 듯한 기분이었다.

필자는 북한산의 여러 등산로 중에도 백화사계곡 길을 애용한다. 구파발에서 버스를 타고 북한산 유원지로 가다가 백화사 들머리에서 내려 산행을 시작한다.

나의 사랑하는 백화사길

백화사에서 가사당암문까지 계곡 길은 사람들이 많이 다니지 않아 조용하고 산행 중 어디에 앉아 쉬어도 될 만큼 쉼터가 많다. 가사당암문에서 용출봉, 용혈봉, 증취봉, 부암동암문, 나월봉, 문수봉, 승가봉, 비봉, 승가사로 해서 이북5도청으로 내려가 두부집에서 산행을 마무리한다.

용출봉에 올라 의상봉을 감상하고, 용혈봉에 올라 쉬면서 용출봉을 본다. 이 봉우리들에 오르면 온 사방이확 트여서 북한산 풍광을 마음껏 맛볼 수 있다. 바위색깔이 어느 능선의 바위보다 하얗고, 여기에 소나무의 푸르름이 더하여 그 조화가 정말 아름답다. 바위 사이에 서서 온갖 풍상을 겪으며 살아온 소나무의 모습을 살펴보면 아름답기 그지없다. 이름난 정원사가 가꾸어도 그렇게는 손질하지 못할 것이다.

그 외, 이 능선은 바위 사이로 기어들고, 잡고, 넘으며 좁은 능선길의 아찔함도 맛보게 되는 등, 산을 오르는 온갖 맛을 다 보게 되어 있다.

남장대에서 바라보면 북한산의 준봉들이 한눈에 들어온다. 노적봉, 용암봉, 백운대, 인수봉 등은 봉우리가 주는 느낌 그대로 이름을 붙였음을 잘 알 수 있다. 반면 나월봉, 나한봉, 문수봉, 보현봉, 승가봉 등은 불교적 이름으로 이 산이 불심을 깊이 하는 데도 매우 좋은 산임을 말해준다.

북한산 큰 바위들 중에는 묘하게 바위 위에 곧 떨어질 것 같이 얹혀 있는 것이 많다. 승가봉과 비봉 사이에 있는 사모바위는 그런 기암 중에도 정말 기이하다. 북한산 준봉들의 능선을 이어서 성을 쌓은 것은 오래전의 일이다. 특히 조선조 숙종은 '도성은 넓고 커서 수비하기 어렵고 남한산성은 한강 나루를 건너기 어려우며 강화도는 겨울에 얼음이 얼어버리면 믿을 만하지 못하다' 하여 북한산성을 대대적으로 중수하고 깊숙한 곳에 피난처 행궁을 마련했으나 지금은 터만 남았다.

북한산성의 길이는 21리 50보로 약 9.5km에 이른다. 방어를 위하여 성벽을 쌓은 것인데, 지금의 서울시민들은 그 때의 아픔을 조금은 아는지 모르겠다.

성곽을 넘나들고 있는 등산객들은 우리나라 역사의 아픈 현장이니 생각하며 산행해야 하지 않을까 싶다. 이 성곽은 숙종 37년 4월 3일에 쌓기 시작, 청나라가 알고 뭐라 시비할세라 서둘러 서둘러 6개월 만인 그 해 10월 19일 대체로 완공을 보았다.

이 산성은 세월이 지나며 많이 허물어졌다. 서울시가 정도(定都) 600년 기념사업의 일환으로 1990년부터 북한산성 복원을 시작했으나 18세기 산성과 현대판 산성의 모습이 한데 뒤섞여 아쉽다.

문수봉 남릉에 앉아 있는 알바위들은 기괴한 모습으로 우리들의 눈길을 끈다.

봉마다 정상 근처에는 멋있는 소나무가 진을 치고 있기에 더욱 일품이다. 비봉에서 승가사를 지나 계곡 길을 찾아들면 바위의 속살이 다 보이는 맑은 물이 흐른다. 산자락의 진달래가 만발하여 온 산이 계화만산홍(開花滿山紅)이다. 양지꽃은 땅바닥에 착 달라붙어 노랗게 피어 있다.

진달래는 그 아름다운 한 포기의 꽃을 피우기 위해 일 년의 긴 세월을 보내면서 눈비를 참아냈는데, 나는 일년 후에 무엇을 보여 줄 것인가 생각하게 한다.

(월간산 2002년 5월호)

덕유산

구천동은 너무 當아서 물보라 없으면 물이 없는 것 같아

덕유산은 해발 1,614m로서 남한에서는 한라, 지리, 설악 다음인 네 번째로 높은 산이며, 국립공원으로 열 번째 지정된 명산이다. 그 기상은 삼남지방 곳곳으로 뻗친다. 날씨가 청명하면 사방 수백 리 밖에서 덕유산의 위용을 바라볼 수 있다.

이 산의 품 안에는 구천동 계곡이 있다. 무려 70여 리에 걸쳐 흐르고, 산기슭을 감돌며 굽이굽이 흐르는 시냇물은 이슬처럼 밝아, 물보라가 없으면 물이 있는지 없는지 모를 지경이다. 손이라도 좀 씻으려고 하면 한겨울의 시냇물같이 찡하고 저려오니 금방 손을 뺄 수밖에 없을 정도다.

필자는 5월 초 답사차 덕유산을 찾았다. 안성계곡으로 하여 덕유산 상봉 향적봉을 오르고 구천동계곡으로 하산했다. 가뭄 때인데도 덕유의 깊은 골은 변함없이 넉넉하고 시원했다.

안성계곡은 초입부터 물소리가 온몸을 감싸고 귓가를 울리는가 하면 녹음이 우거진 오솔길은 적막하기만 하다.

간간이 아름드리 소나무가 마음을 붙들지만 가파르지도 않고 험하지도 않으니 묵묵한 걸음이 멈춰지지 않는다. 가끔 한 그루씩 선 철쭉나무의 몇 송이 남은 꽃잎은 연분홍빛마저 탈색되어 하얗게 변했다.

안성계곡이 끝나고 능선 삼거리에 올라서면 갑자기 만봉이 나를

포위하는 듯하여 겁이 덜컥 난다. 그러나 사방을 휘휘 돌아봐도 만만한 곳이 없다. 그저 정상인 향적봉으로 갈 수밖에 없다. 백암봉을 오르며 돌아보니 만봉들이 조금씩 가라앉는 느낌이 든다.

백암봉은 고도가 높은 곳이라 철쭉꽃이 이제야 만개했다 어떤 나무는 유별나게 밝고 붉어서 눈길을 뗄 수 없다. 천 년 묵은 주목, 구상나무들의 푸르름 속에 연분홍 철쭉꽃의 색채 조화는 신의 솜씨가 아니고서야 그렇게 아름다울 수 있겠는가.

중봉의 주목 군락 또한 장관이었다. 뿌리는 하나이면서 몸은 둘로 나누어져 있고, 한쪽은 죽은 몸, 다른 한쪽은 산 몸인 주목도 있다.

향적봉 정상에는 돌탑과 돌비가 있다. 돌탑은 덕유산의 작은 돌은 다 모아다 쌓아 놓은 것 같이 정성 들여 만든 탑이다. 여느 산과 다르게 정상의 까탈스러움도 없고, 모나지도 않게 너부죽하고 두루뭉실한 돌탑은 모양이 꼭 향(香)을 쌓아 놓은 것 같아 향적봉인 것만 같다. 실은 주목의 이명이 향적목(香積木)이며, 향적목이 많다고 하여 향적봉이다.

향적봉 아래 200m 지점에는 산중 대피소인 산악인의 집이 있는데, 등산인과 사진작가들에게 쉼터가 되는 곳이다. 이곳엔 옛날에 향적암이라는 절이 있었다는 말이 있다.

정상에서 조망해보니, 덕유산은 두텁고 넉넉하나 무겁게 보이지는 않는다. 산줄기의 흐름이 유연하여 생동감이 넘친다.

바탕에 장대한 힘을 지니고서, 가볍게 몸을 놀려 크고 부드러운 동작으로 춤을 추고 있는 것 같으니 덕유라는 이름이 정말 잘 어울리는 산이다.

정상에서 백련사까지는 급경사인데 둥근 나무로 계단을 만들어 두었기에 지루함을 느끼게 한다. 몇 번 경험이 있는 등산객들은 아예 방향을 바꾸어 칠봉으로 내려가서 삼공리로 하산한다. 백련사 하산길에서 키가 작은 등산객 한 분은 다리가 짧아 계단 높이가 일정치 않은 통나무 계단을 내려오며 무척 힘들어했다.

신라 시대에 창건했다는 백련사는 지금 크게 복원되어 옛날의 작은 암자가 아닌 거찰로 바뀌었다. 백련사로 내려서며 깜짝 놀란 것은 경내에 매월당 김시습의 부도가 있었기 때문이다. 김시습이 숨진 곳은 충청도의 만수산 무량사로 알려져 있고 그 사역에 김시습의 사리탑이 있기도 하다. 그런 김시습이 여기 백련사와는 무 슨 인연이 있었는지 –,

백련사로 내려와 향적봉을 바라보니 그 높은 위용이 하늘을 떠받든 듯 우람하다. 이 속대에서 계곡을 바라보니 산 목련이 하얗게 꽃을 피우고 이끼 낀 바위를 벗하며 축 늘어져 물소리 듣고 있다. 모든 번뇌가 씻어지는 선경에 들어온 느낌이다.

삼공리로 내려가는 중 구천동 계곡 길에는 연화폭포, 구천폭포, 명경담, 신양담, 안심대, 호탄암, 구월담, 다연대 등 곳곳이 밝은 물소리와 울창한 숲, 기암으로 선경을 이루었다.

그야말로 구절양장(九折羊賜), 구중천엽(九重千葉)의 경승지다.

신라 때 인월화상이 도를 닦았다는 인월담, 칠봉산 사자가 여름 달밤에 목욕을 했다는 사자담, 칠선녀가 비파를 탔다는 비파담 등등 명소의 이름조차 다 옮길 수가 없다.

구천동물은 쉽없이 콸콸 쏟아져 내린다. 가뭄도 별로 타지 않는다. 그것은 덕유산의 두터운 흙살, 무성한 나무가 있기 때문이다. 구천동 골짜기에 흐르는 냇물은 설천(雪川)이라고 한다. 계곡이 눈처럼 하얗다는 뜻인데, 옛날에 수행자들이 하도 많이 쌀뜨물이 냇물을 하얗게 만들었다는 것이다.

그렇듯 설천을 이룰 정도로 많았던 수행자들 가운데는 물론 출중한 인물도 많았다. 그중에는 서산대사의 스승으로 널리 알려진 부용조사(芙蓉祖師 · 1485-1571)도 있다.

구천동 물은 이리 튀고 저리 튀며 하얀 물보라를 이루지만 승부는 없다. 그 많던 물줄기들은 언제 그랬느냐는 듯이 소와 담에 몰려들어 잔잔한 여유를 가진다.

마음을 비우고 공(空)으로 돌아가는 삶을 깨우치게 하는 곳이 바로 여기 구천동 계곡이 아닌가 싶다.

(월간산 2002년 7월호)

변산

산이 좋아 산에 올랐더니, 푸른 바다로 달려가고 싶네

변산은 그 풍광이 너무 아름다워 우리나라 8경(八景)에 든다. 산과 들, 바다가 잘 어우러져 만들어낸 명승지다.

호남정맥에서 한 줄기가 서쪽으로 뻗어 나가 그 끝자락에 남은 정기를 모두 토하며 평야와 바다 사이에 우뚝 치솟아 고산준령 못지 않게 헌걸찬 모습으로 자리 잡은 것이 변산이다. 그리 높지도, 험준하지도 않지만 불쑥 일어섰다가 바짝 낮추었다 하면서 뻗은 능선은 파도같이 생동감이 넘친다.

얼마 전까지만 해도 서울에서는 무박, 혹은 일박하는 일정이 아니면 맛볼 수 없는 변산 산행이었지만, 이제 서해안 고속도로가 개통되고 나서는 당일로도 얼마든지 다녀올 수 있게 되었다.

뭇 산맥의 끝자락엔 명산 명당이 있기 마련인데 변산도 명소와 명당을 많이 품고 있다. 천 년 고찰인 개암사와 내소사가 특히 많이 알려져 있는 명소다. 관음봉으로 오르는 등산객이 많아 내소사는 더욱 널리 알려졌으며, 전나무 숲길은 그 싱싱한 기운이 온몸을 감싸 안아 나도 모르게 젊은 기운이 넘쳐나는 것 같다.

변산반도는 봉도 많고 산도 많다. 관음봉, 세봉, 선인봉, 쌍선봉, 옥녀봉, 덕성봉, 의상봉, 천물산, 천마산, 삼신산, 갑남산 등 이루 셀 수도 없다. 바다와 절벽이 절묘하게 어우러진 격포의 채석강과 적벽강, 하얀 모래가 따끈따끈하게 펼쳐진 변산 해수욕장, 고인돌,

고려자기를 굽던 도요지, 천연기념물인 꽝꽝나무 군락지와 후박나무 군락지 등 곳곳이 명소다.

봉래구곡에는 밝은 물이 쉼 없이 흐르며, 그 가운데 30m 직소폭포의 위용은 대단하다. '직소폭포를 보지 않고는 변산을 말할 수 없다' 고 할 만큼 절경이다. 다만 가뭄에 물 한 방울 없는 때가 잦으니 이런 때는 등산객들이 아쉬움을 넘어 허탈감에 빠지게 한다.

의협심 높았던 내소사의 당취들

변산의 봉마다 바위 능선이 있다. 그러나 밖에서 보면 전혀 그렇게 거칠어 보이지 않는다. 이는 예부터 소나무가 많았고, 사시사철 푸른 소나무가 억센 바위들을 뒤덮고 있기 때문이다. 그러므로 최고봉 의상봉이 508m이고 그 외 봉들은 300~400m 높이에 불과하다고 깔보다간 혼쭐난다.

내소사(來蘇寺)는 변산 서남쪽 기슭에 위치하며 백제 때(서기 633년) 해구 스님이 창건한 절이다. 일설에는 당나라 소정방이 백제를 멸망시킨 뒤 내소사에 들렀기에 붙여진 이름이라고는 하나 확실한 근거가 있는 것은 아니다. 지금의 내소사 법당은 조선조 인조 때(1633년) 청민 선사가 세운 것이다.

내소사 뒤에는 관음봉이 있다. 관음봉은 그 생김새가 대도인의 풍모를 연상케 한다. 이 봉은 내소사 당취(黨聚)들의 웅거지였다. 당취는 스님들의 비밀결사대인데, 훗날 '땡초'라는 말의 유래가 되었다. 정의감에 불타는 스님들이 결성했는데, 그 시대의 시대상을 엿볼 수 있는 결사대다.

임진왜란과 병자호란 후 백성들의 삶은 말할 수 없었고 벼슬아치들은 극도로 타락하여 힘없는 백성들을 괴롭히고 착취하는 데 골몰했다.

그래서 내소사 스님들은 경전을 읽고 참선을 하면서도 열심히 무술을 익혀 악덕 양반이나 권세가가 나타나면 가차 없이 징벌했다.

내소사 당취는 권세가에게는 무서운 불한당이지만 힘없는 백성들에게는 구세주 역할을 했다. 그 당취는 조선조 말엽까지 맥을 이어왔으나, 동학혁명이 일어나자 당취에 들었던 스님들이 혁명군에 합류하면서 당취의맥은 끊어졌다. 조선조 말엽 이후 내소사는 만허 선사와 그 제자인 해안 선사에 의해 선풍(禪風)을 크게 일으킨 수행도량이 되었다.

해안 선사로부터 감화를 받아 수행의 길을 걷게 된 속인들은 내소사 주변에도 많았다 많은 속인들이 금강경을 줄줄 외웠기에 스님들 사이에도 내소사 근처에서는 금강경을 아는 체하지 말라는 얘기가 돌았다고 한다. 변산 동쪽 기슭에는 개암사(開巖寺)가 있다. 백제 때(639년) 묘련 스님이 창건한 고찰이나 훗날(676년) 원효대사와 의상대사가 중창하여 대가람이 되었다.

내소사에서 관음봉으로 올라 서해 바다를 내려다보면 확 트인 바다의 시원함이 가슴을 씻어내려 청정 가슴으로 만들어 놓는다. 사람들의 마음은 종잡을 수 없다. 산을 오르다가 온 몸이 땀에 흠뻑 젖으면 시원한 바다에 풍덩 들어가고 싶은 충동을 느낀다. 산이 좋아 산에 오른 마음이, 푸른 바다가 옆에 보이니 금방 그리로 달려가고 싶은 변덕을 부린다. 하지만, 변산은 그래서 좋다. 산행을 마치고 변산 해수욕장으로 가서 간간한 바닷물에 몸을 담그어 보는 것도 일미 중의 일미다.

무주구천동같이 굽이굽이 계곡은 아니지만 봉래구곡도 갖출 것은 다 갖춘 계곡이고, 그 아름다움은 어디에서도 찾아보기 어려운 이곳만의 독특함을 지녔다. 관음봉에서 세봉을 거쳐 와룡소로 내려가는 코스도 곳곳이 절경이다.

하산하고 나서 가보지 않을 수 없는 명승지가 채석강과 적벽강이다. 격포리 포구 우측에 돌출한 바위산이 있는데, 이를 채석강이라 부른다. 당나라 시선 이 태백이 강물에 뜬 달그림자를 잡으려다 빠져 죽은 채석강과 너무 흡사하다 하여 붙은 이름이다.

채석강의 퇴적암벽은 수천 년 세월 동안 백파(白波)와 싸우다가 늙어버린 주름살인가, 수 만권의 책을 쌓아올린 단층인가, 기이하기도 하다.

적벽강은 후박나무 군락이 있는 연안부터 붉은 색 암반이 펼쳐지는 해안선 25km를 말한다. 일몰 시 햇빛이 반사되면 붉은색 절벽과 바위가 어우러져 오색찬란한 절경을 이룬다. 이렇듯 절경의 연속이니, 아무리 시간을 쪼개어 봐도 하루 일정으로는 태부족이다.

눈으로 보는 것이 없으면 분별이 사라지고, 귀로 듣는 바가 없으면 시비(是非)가 없어지니, 모두 떨쳐버리고 저기 넓은 서해 바다같이 걸릴 것 없이 살아보는 것도 좋겠다.

(월간산 2002년 8월호)

운길산

산색 짙푸르니 한강물도 산빛이네

강을 끼고 있는 그 무수한 산들 가운데서도 나는 운길산을 특히 사랑한다. 운길산 자체보다는 운길산에서 바라보는 산 아래 강 풍경을 더 좋아한다.

운길산은 해발 610m로 경기도 남양주시 와부읍에 소재하고 있으며 북한강을 끼고 있다. 금강산에서 발원하여 화천, 춘천을 거쳐 내려온 북한강물과 대덕산에서 발원하여 영월, 충주를 거쳐온 남한강물이 서로 만나는 두물머리(양수리)의 광대하고도 아름다운 풍경을 내려다보고 있는 신상봉이 정상이다.

동국여지승람에는 조곡산이라 적혀 있는 운길산은 서쪽의 적갑산(561m)과 예봉산(683m)이 형제처럼 이웃하고 있다. 서울에서 시내버스로 갈 수 있는, 천하제일의 명당터를 깔고 앉아 있는 근교 산행지다.

운길산은 진중리에서 오르는 길과 강을 따라가다가 송촌리에서 오르는 길이 있다. 진중리에서는 미륵보살 상을 지나 바로 오르는 길이 있고 송촌리에서 오를 때 는 은행나무 있는 곳에서 수종사 뒤로 오르면 된다.

진중리 길은 소형차가 수종사 절 아래까지 올라갈 수 있고 송촌리 길은 소로라서 솔 향기 맡으며 그늘진 숲길을 걸어 오르는 멋이 좋다.

원점회귀산행을 하지 않을 때는 새재고개로 해서 도곡리로 빠지면 바로 덕소가 나온다. 좀 긴 코스로 산행을 원하면 예봉산을 거쳐 팔당역으로 하산해도 아주 좋다.

수종사 뒤로 오르면 정상 능선지점에 바윗길이 있다. 산정에서 바라보는 올망졸망한 산들의 아름다움과 한강이 산자락을 툭툭 치며 흘러가는 모습은 가슴속 막힌 곳이 확 풀리는 절경이다.

운길산은 예로부터 시인 묵객들이 많이 찾은 곳인데, 그것은 공중에 떠 있는 누각과도 같은 유명한 수종사가 있기 때문이다. 동쪽 산 중턱에 자리를 잡은 수종사는 세조와 얽힌 전설이 전한다.

'세조가 오대산 상원사에서 예불을 드리고 한강을 따라 돌아오다가 한밤중에 여기를 지나게 되었는데, 그날밤 절간에서 울려오는 듯한 맑고 아름다운 종소리가 들렸다.

세조가 종소리 나는 곳을 찾아보라 하니, 커다란 동굴 속에서 물 떨어지는 소리였다. 이에 어명을 내려 절 을 짓게 하고 수종사(水鐘寺)라 했다.'

지금은 그 동굴을 찾아볼 수 없으나 세조가 심었다는 은행나무 거목 두 그루와 칠 층 다보탑이 있다. 세종 21년(1439년)에 왕명으로 세워진 정의옹주(태종의 다섯 번째 딸)의 사리조탑, 팔각 원당형으로 만들어진 부도 와 함께 대웅보전 옆에 소장되어 있다.

"큰 핏줄 둘 모이는 심장 같은 산"

수종사에는 여느 절처럼 해탈문이나 일주문이 없고 불이문이 있는데, 이 문에 들어가기 전 세조가 심었다는 은행나무가 있다. 수령 525년에 수고 39m, 둘레 7m 나 되는 이 거목은 1000년이 넘었다는 용문사 은행나무보다 더 크고 당당하고 늠름하다. 이 은행나무를 가까이서 쳐다보고 있노라니 500년 세월의 숨결이 느껴진다. 아들 순, 손자 순과 손자 가지가 돋고 자라나 있는 걸 보면 아직도 정력이 대단한 청년 같은 느낌을 받는다.

상서로운 기운이 가득한 절 마당을 밟으면 일단 빼어난 전망에 감탄하지 않을 수 없다.

시선을 멀리 두면 높고 낮은 산봉들이 반기듯 다가서고 눈길을 떨구어 보면 북한강 드넓은 수면이 바람 따라 출렁이며 은빛으로 수놓으니 이보다 더 좋은 풍광이 어디에 있겠는가! 수종(水鐘)의 찻잔은 종소리 되어 울리니 시심(詩心)을 낚는 시객들이 가만히 있을 수 없다. 서거정, 이이, 이덕형, 초의선사, 정약용, 이병연, 김종직, 송익필, 최경창, 김안국 등 수많은 시인들의 시문이 수종사와 함께 하고 있다.

서거정은 동방사찰 중 천하제일의 명당이라고 했다지만, 어느 길손이든 대웅보전 앞에 있는 시(詩), 선 (禪), 차(茶)가 하나 되는 삼정헌(三最軒)에 들러 차 한잔하고 있으면 속이 후련해지며 역시 천하명당이구나 하는 생각이 들 것이다.

수종사의 주지 금해(錦海) 스님은 "산은 근육이고 강은 핏줄인데 곧 북한강 남한강은 동맥, 정맥 같으며 동 정맥이 만나는 곳은 심장이니, 이 두 강을 품어 안은 운길산이 곧 심장이나 마찬가지"라고 한다.

또한 "운길산이 심장이니 지형상으로나 풍광으로나 천하제일의 산이며 수종사 또한 동방 제일의 자리"라 말했다.

스님은 이곳에 삼정헌을 만들어 휴식공간, 문화공간으로 활용하고 있다. "불자나 등산객들이 산 오르다가 목마를 때 옹달샘을 만나도 반가운데 차 한 잔을 여유롭게 할 수 있는 공간이 있다는 것은 얼마나 즐거운 일 이겠느냐"는 스님의 말이다.

특히나 수종사의 석간수 물로 차를 달여 마시면 차 맛이 한결 다르다고 한다. 차 하면 초의선사이신데, 그 분이 자주 찾은 곳에 삼정헌을 세웠으니 얼마나 뜻 깊은 일인가.

건물도 전면을 대형 유리로 전망을 확 트이게 지었다. 옛날 이곳을 자주 찾은 초의선사, 다산 정약용, 추사 김정희 선생이 같이 자리하고 산 색깔 따라 한강 물빛이 변하는 모습을 보며 차 한 잔 하시는 모습이 눈 에 선하고 그들처럼 시심을 낚는 정취가 아쉽기만 하다. 필자도 수종사 들렀으니 삼행시라도 한 수 지어야겠다.

운무가 피어나니 마음은 비워지고
길손은 삼정헌의 차 한 잔에 詩心 일고
산색이 짙푸르니 한강물도 산빛이네

(월간산 2002년 9월호)

월악산

그 중천의 달이 남달라 산 이름에 '月'자가 들었는가

월악산 국립공원은 월악산을 비롯하여 용마산, 북바위산, 포암산, 하설산, 대미산, 황장산, 도락산, 용두산, 두악산, 말목산, 가은산, 금수산, 덕절산 등 14개 산이 군단을 이루고 있다. 1984년 12월 31일에야 우리나라 17번째 국립공원으로 지정됐지만, 명승지가 가장 많은 곳이 아닌가 싶다. 월악산의 영봉부터 시작하여 봉만 해도 25개가 넘으며 1,000m 안감의 고봉만도 12개가 솟아 있으니, 장수가 많아 점령하기 난해한 곳이라 비유할 수 있겠다.

월악산국립공원의 고봉과 계곡을 살펴보면 4재 지역으로 나누어져 있다. 월악의 영봉, 중봉, 용암봉, 만수봉이 품어 안고 있는 송계계곡 지역과, 하설산, 매두막봉, 문수봉, 피꼬리봉, 메밀봉, 시루봉이 품은 용하구곡 지역, 만기봉, 도락산, 용두산, 식기봉이 품은 선암계곡 지역이 있다. 그리고 북쪽에 금수산, 가은산, 말목산이 한 지역을 차지하고 있다. 이러한즉, 월악산 국립공원을 한번 제대로 둘러보려면 지도 한 장 들고 1년 정도는 찾아다녀야 할 것이다.

암봉과 계곡 모두 준수해

어디를 가도 경관이 아름답고 계곡 물소리 좋고 바위들이 시원시원하게 생겼으니 대만족을 할 수 있다. 특히나 충주호가 산자락을 물고 넓게 펼쳐져 있어 전망이 일품이니 가슴이 확 트이는 산 맛을 즐길 수 있다. 월악산의 줄기는 하늘재를 넘어서 포암산, 만수봉으로 일어나고 북으로 달려서 거대한 암봉인 영봉을 맹주로 세운 뒤 중봉 하봉으로 낮아지다가 충주호로 찾아든다. 또한 포암산에서 만수봉, 용암봉, 덕주봉, 중봉 등 800m를 넘는 10여 개 암봉이 모두 준수하고, 골짜기는 기암과 괴봉으로 협곡을 이루고 있는 별천지인데, 이것이 모아져서 송계계곡을 이루고 있다. 경관이 빼어나다 보니 송계8경이란 말이 생겼다. 제1경은 거대한 삼각암봉으로 홀로 우뚝 솟아 장대한 남성적인 멋을 풍기는 월악 영봉이요, 제2경은 계곡 들머리의 넓은 암반에 깊고 밝은 소가 있는 자연대이고, 제3경은 3단으로 뛰어내리는 월광폭포다. 제4경은 덕주골 들머리에 있는 거울처럼 밝은 수경대이고, 제5경은 덕주골의 학소대인데, 동문과 망경대가 어우러진 곳이다. 제6경은 고무서리계곡의 바위병풍을 친 듯한 기암과 숲이 잘 어우러져 있고 시원한 폭포를 즐길 수 있는 망폭대다. 옛사람들은 이곳 풍광을 보고 금강산이 부럽지 않다고 극찬했다 한다. 바로 그 옆에 온암과 덕주산성 남문이 있다.

제7경은 망폭대 위의 용이 살다가 승천했다는 와룡대다. 주위에 작은 폭포가 3개 있고, 용추를 골 물이 너무 차서 물에 들어가 오래 있기 내기를 할 정도의 냉천이다. 제8경은 200여 평의 펑퍼짐한 너럭바위가 있고 개울물은 너럭바위를 치고 감돌아 흐르는 팔랑소다. 이 팔랑소 위에는 옛날 도적들이 행인들에게 닷돈씩 통행세를 받았다는 닷돈재가 있다. 이런 경관을 보면서 영봉으로 오르는 등산 코스는 4가락으로 대강 나누어볼 수 있다. 동쪽 월악리에서 신륵사로 오르는 코스와 서쪽 송계리의 지광사 입구 코스, 자연대에서 덕주골로 들어 수경대, 동문, 덕주사 마애불을 거쳐 주능선에 오른 뒤 북쪽 거대한 암애를 올려다보며 오르는 길이 또한 있다. 남쪽 길은 충주호반의 수산리에서 보덕암을 거쳐 중봉, 영봉 오르는 길로 암릉, 암봉이 어렵긴 하지만 스릴 있는 곳이다.

삼국시대엔 전략적 요충

사람들은 송계계곡과 도락산 지역 선암계곡쪽으로 많이들 찾는데, 월악산은 계곡코스로 워낙 유명하다. 계곡 상류는 용하구곡이라 하여 별천지이며, 계곡물은 대미산에서 시작하여 흐른다. 제1곡은 수문동폭포요, 치곡은 수곡용담이며, 제3곡은 관폭대로 글자가 새겨져 있다. 제4곡은 청벽대로5개의 암석이 층계를 이루며 맑은 물이 굽이 돌아 소를 이루고 있으며, 제5곡은 선미 대이고, 제6곡은 수룡담, 제7곡은 활래담, 제8곡은 옛날 선비가 글공부를 했다는 강서대, 제9곡은 바위 위로 물이 흐르는 수렴선대다. 월악산은 마의태자의 망국의 한이 서린 산이다. 서기 935년 신라 경순왕 9년 신라의 조정 군신회의에서 고려에 항복하기로 결정되자 마의태자는 슬프고 분함이 사무쳐 서라벌을 떠났다. 전설에 의하면 누이 덕주공주와 동행하여 문경과 중원의 경계인 하늘재를 넘어 지금의 미륵사지에 머물렀다.

여기서 마의태자는 나라 되찾기를 염원하면서 미륵불 석불입상(높이 10.6m)과 오층석탑을 세웠으며, 덕주공주는 덕주골에 덕주사를 짓고 절 옆 바위에 마애불을 새겼다는 것이다. 우리나라에서는 북향 석불이 드물다는데 미륵사터의 석불입상은 북으로 향하고 덕주골 마애불은 남향을 하고 있어 서로 마주보고 있다. 남매가 서로 그리는 애틋한 정을 담은 석불이라고들 한다. 월악산 서쪽 산기슭에 덕주산성(지방기념물 제35호)이 있다. 산성은 계곡을 막아 동문, 남문, 북문을 내놓고 있다. 이곳은 하늘재를 사이에 두고 낙동강과 남한강의 분수령인 동시에 문경과 충주의 접경이기 때문에 삼국시대에는 중요한 전략적 요충지였다.

성문은 3개 모두 차단식 홍예문으로 성문 위에 초루가 있었으나 지금은 없어지고, 홍예기석과 홍예석, 홍예종석만이 남아 있고, 부근에 석성이 약간 이어져 있을 뿐이다. 북문 홍예종석에 태극 무늬가 양각되어 있으며 산성이름이 '덕주' 인 것을 보면 덕주공주의 발자취에서 연유된 것이 아닌가 여겨진다. 송계계곡에는 이런 유물유적에 더해 상류부의 만수골에는 야생화 소공원이 만들어져 있다. 약 1km 구간에 150여 종의 야생화 10만본이 심어져 있어 충주 시내 학교들의 자연학습장소로 지정되어 활용하고 있는데, 왕복 2km를 설명을 들으며 관찰하다 보면 약 2시간이 소요된다고 한다. 산을 다니는 우리들도 한 번 관심있게 시간을 내어 보는 것도 좋겠다.

월악산은 돌과 바위로 이루어져 있지만 소나무가 많아 솔 바람소리 귀 기울이고 들어볼 만하고 공기가 좋아 하늘이 맑다. 그 중천의 달이 남달랐는지 산 이름에 '月' 자가 들어 있는 것인가 그 이름의 연원을 몰라 궁금도하다.

(월간산 2002년 10월호)

백두산

눈을 감아도 천지에 일렁이는 바람이 보인다

나는 최근에야 비로소 백두대간의 최고봉이며 민족의 영산인 백두산을 탐방할 기회를 가졌다. 조이산악회(회장 최금주) 회원 19명과 더불어 북경에서 이틀 머문 뒤 중국 민항기 편으로 연변에 9월 6일 오후 9시에 도착, 곧바로 미니버스에 탑승하여 숙소인 대우호텔로 갔다. 차창 밖을 바라보니 연변거리의 모든 간판과 이정표는 위쪽은 한글로, 아래쪽은 한문으로 표기되어있어 이국처럼 느껴지지 않았다. 이곳 연변 조선족 자치구에서 그렇게 표기하도록 법으로 규정하였다고 한다.

연인처럼 기다리고 기다리던 백두산 가는 날, 모닝콜 울려 시계를 보니 새벽 6시다. 창문 쪽으로 다가가 커튼을 젖히고 창문을 여니 차가운 새벽 공기가 가슴 속으로 파고든다. 밖은 온통 안개가 자욱하다. 재빠르게 샤워를 마치고 아침 식사 후 오전 7시 20분 호텔을 출발했다.

이곳에서 백두산까지는 약 290km에 소요시간은 6시간이라고 하니 백두산 가는 길은 멀고도 험한가 보다.

도중에 몇 군데를 들르기로 했다고 한다. 먼저 들른곳이 용정에 있는 대성중학교 옛터(현 용정중학교)다. 운동장 건너 정면에 보이는 1층 건물이 용정중학교 본관 건물이고, 우측 2층 건물이 옛 교사로서 그 오른쪽에 자연석으로 윤동주 시비가 세워져 있다. '죽는 날까지 하늘을 우러러/한 점 부끄럼이 없기를...' 하고 노래한, 그 유명한 서시가 새겨진 시비다.

건물 안으로 들어서니 2층 교실에 애국지사들의 사진과 함께 그들의 발자취들이 소개돼 있다. '윤동주. 29세에 후쿠오카 형무소에서 옥사'라는 글귀와 사진 앞에서는 잠시 고개 숙여 눈을 감고 묵념을 했다. 회원들은 앞다투어 윤동주 기념사업회 방명록에 서명하고 조금씩 기부금을 전달하고는 학교를 떠났다.

차량 사양하고 걸어서 천문봉으로

용정이란 지명에 대하여 설명을 듣고 시내를 벗어나려고 할 때 갑자기 가이드가 창밖을 가리킨다. "저기 보이는 조그만 강이 해란강(海蘭江)이고, 지금 지나는 이 다리가 용문교이며, 저 위에 보이는 정자가 있는 곳이 비암산으로서 저곳에 섰던 큰 노송이 멀리서 바라보면 마치 정자처럼 보인다 하여 일송정(一松亭)이라 하였는데, 일본인이 껍질을 벗겨 말라죽게 하여 없어졌다"고 전한다. 그 후 1990년에 뜻있는 분들이 기금을 마련하여 지금 저렇게 정자를 세운 것이라고 설명한다. 최회장이 우리 다 함께 선구자 노래를 하자며 선창을 한다. 서울 회식자리에서와는 달리 눈시울이 뜨거워지며 목이 메어오는 것은 무슨 까닭일까.

2차로 들른 곳이 북한 소개관이다. 이곳은 중국의 허가를 받아 북한의 특산품을 소개하는 곳으로서 북한 주민들이 직접 운영하는 곳이다. 오전 11시 15분 산허리를 휘감고 돌아 고갯마루에 도착, 태고의 신비를 간직한 듯 눈 덮인 백두산을 첫 상면 하였다. 심장의 고동소리는 더욱 거세진다. 벅찬 가슴을 억제하며 비포장도로를 30분쯤 더 달리니 삼도 마을인데, 가는 날이 장날이라고 이 마을이 마침 장날이다.

소달구지에 앉아 있는 아이들, 당나귀가 끄는 마차며 갖가지 농산물과 가축들–. 오랜만에 전형적인 시골장 분위기를 구경하며 천천히 빠져나오니 여기서부터 2차선 포장도로다 12시에 송강진(면단위)에 도착하여 한빛식당에서 한식으로 점심을 먹었다. 이곳은 해발800m 고지에 형성된 마을로서 산삼이 많이 나며 현재도 인삼재배가 주 수입원이라고 한다.

조금은 규모 있는 도시라 할 수 있는 안도현에서 바라본 백두산은 손 뻗으면 닿을 것처럼 가깝게 느껴진다. 창밖을 보니 이정표엔 천지 31km, 연길 277km로 표시 되어 있다.

조금 후에 이도백하진에 도착하였다. 이도백하진은 백두산에서의 첫 번째 마을로, 설악산 설악동 같은 곳이 이곳 도로 주변의 울창한 송림과 원시림은 너무도 인상적이다. 과연 백두산다운 삼림풍경이다.

오후 2시가 되어서야 드디어 장백폭포가 보이는 주차장에 도착하였다. 이곳에서 백두산 탑승 전용 미니밴을 갈아타야 한다. 작년까지만 해도 군용 지프 차량을 이용하였으나 올림픽을 대비하여 금년에 차량을 모두 교체하였다고 한다.

우리는 차량을 사양하고 도보로 천문봉까지 오르며 산의 기를 느껴보기로 하였다. 최 회장과, 곽 사장, 그리고 추 사장을 포함한 4

명은 조이산악회 기를 펄럭이며 민족의 영산인 백두산을 경건한 마음으로 오르기 시작하였다.

완연한 초가을 날씨다. 자작나무 잎들은 누릇누릇 단풍이 들기 시작하였으며 팔랑이는 잎새 사이로 맑고 강한 햇살이 은가루를 뿌린 듯 우리 일행의 머리 위에 쏟아진다. 정말 축복 받은 느낌이다. '백 번을 가야 두 번 밖에 보지 못한다 하여 백두산' 이라고 가이드가 우스개 말을 하였는데, 우리는 처음 와서 이렇게 좋은 날을 만났으니, 더욱이 3일 전 예년보다 1개월 빠르게 폭설이 내려 백두의 신비스러운 장관을 연출하고 있으니 얼마나 가슴 벅찬 일인가.

천지 보는 순간 눈시울 뜨거워져

우리는 지칠 줄 모르고 지름길로 1시간 가깝게 산행을 하다 시야가 탁 트인 곳에 주저앉아 북간도의 드넓은 벌판을 바라보았다. 만감이 교차한다. 고구려 용사들의 말발굽 소리가, 일본인들의 군화 발자욱 소리와 호루라기 소리, 그리고 북간도에 끌려온 우리 민족 애국자들의 한숨 소리가 들려오는 듯하다.

이곳의 최저온도는 -45℃, 여름날의 최고 온도도 5℃라고 하며 정상 부근은 바람이 너무 세차게 불어 나무가 자라지 못한다고 한다. 뿌리가 썩지 않는 잡초는 밟히고 또 밟혀도 영하 50℃의 추운 눈보라 속에서도 때를 기다리다 봄날이 오면 싹이 돋고 꽃이 피겠지만, 뿌리가 썩어버린 잡초로야 봄날이 온들 무슨 소용이 있겠는가. 우리도 역사의 뿌리가 썩지 않으면 분명 영광의 날이 오리라.

정상 쪽을 바라보니 나무는 한 그루도 보이지 않고 황금빛 잔디밭뿐이다. 20분쯤 더 걸으니 여행대행사 펜퍼스픽 김 사장이 빈 차량을 몰고 와 빨리 탑승하라고 재촉한다. 도보로 정상까지 다녀오려면 시간이 없다고 한다.

천문봉 아래 기상관측소 앞에 마련된 주차장에서 천문봉까지는 도보로 I5분. 이곳은 잔디마저도 없다. 자갈과 마사토, 흙 뿐이며 며칠 전 내린 눈이 여기저기 수북수북 쌓여 있을 뿐이다.

천문봉을 향하여 단숨에 뛰어올라 천지를 바라보는 순간 눈시울이 뜨거워지며 목이 메이는 것은 어쩔 수 없었다. 생각도 행동도 모두가 일시에 정지되어 버리는 것 같았다.

눈 덮인 천지의 16개 암봉들은 신비 그 자체다. 제일 높은 봉은 북한 쪽 백두봉(장군봉 · 2,749m), 두 번째가 중국 쪽의 천문봉(2,670m)이며 천지의 제일 깊은 곳 수심은 373m, 둘레의 길이는 13.1km이고 천지의 수위는 1년 내내 변하지 않는다고 한다.

천지의 물빛은 마치 먹물을 풀어놓은 듯 진한 군청색이다. 얼마나 수많은 가슴들이 멍이 들어 한의 눈물을 흘렸으면 천지의 물이 먹빛이 되었을까. 사진을 몇 장 찍고 스케치를 재빠르게 하고 하산을 하려니 아쉬움과 미련이 남아 자꾸 뒤를 돌아본다.

천지 주변에 위험한 곳이 너무 많다. 안전표지판이나 보호시설이 전혀 되어 있지 않아서 준비 없이 오른 탐방객들에겐 안전사고가 염려스럽다. 밴에 탑승, 출발지인 주차장에 내려와 도보로 장백폭포를 향하여 20분쯤 오르니 백두산 호랑이가 포효라도 하는 듯한 소리가 들린다.

요란한 물소리와 함께 포말을 이루며 60m 높이에서 떨어지는 장백산 물줄기는 한 마디로 장관이다.

자연은 자연스러울 때 가장 위대한 것이다. 그런데 폭포 위로 천지에 이르는 등산로를 널찍하게 내고 있으니 남의 일이 아닌 듯싶다. 장백폭포는 천지로부터 1,250m를 흘러와서 낙차를 이루며 송화강의 발원지가 된다. 백두산에는 60여 개의 폭포가 있으며 옥녀늪의 작은 우물이 두만강의 발원지라고 한다.

폭포 스케치를 마치고 내려가다 보니 노천 온천수가 솟는 곳에서 달걀을 삶아 팔고 있다.

먼저 내려온 일행이 하나 건네 준다. 온천수의 수온은 80℃이며 수질은 유황성분이 다량 함유되어있어 유황냄새가 심하다. 숙소인 천상호텔에 도착하여 시계를 보니 오후 5시다. 유황 노천온천에서 목욕을 하고 돼지 바비큐 파티가 있는 호텔 옥상으로 갔다. 파티장은 벌써 왁자지껄 잔치 분위기다.

사방을 둘러보니 깊어가는 백두산의 가을밤은 참으로 아름답다. 분위기에 취하여 '홀로 아리랑'을 불러본다. 장백폭포의 물소리는 크고 더욱 가깝게 들린다. 침대에 누워 눈을 감으니 천지에 일렁이는 바람이 보인다. 그리운 얼굴이 보인다. 너도 천지의 바람이 보이느냐

(월간산 2002년 11월호)

월출산

'달이 청천에서가 아니라 여기에서 솟았네'

월출산(月出山)은 지리산, 변산, 천관산, 내장산과 함께 호남 5대 명산이다. 천태만상의 바위들이 곳곳에 저마다 기막힌 아름다움으로 산을 장식하고 있다.

명산에는 이름도 많은데, 본디 월출산의 이름은 달나산이라고 한다. 신라 때는 월나산(月奈山)이라 했고, 고려 초부터 월출산이라고 불렀다 한다. 이름이 그러하듯, 월출산은 달과 참 잘 어울리는 산이다.

남성을 상징하는 우뚝 솟은 바위들을 음기 가득한 달빛이 감싸고 있는 풍광과 분위기는 아름다움을 넘어서 신비롭기까지 하다.

이를 찬미한 시인 묵객들의 글과 시가 많이 남아 있다. 윤선도는 '월출산 좋더니만 미운 것이 안개로다. 천황 제일봉이 일시에 가리왜라. 두어라 해 펴진 후면 안개아니 거두랴' 했고, 매월당 김시습은 '호남에 제일가는 그림 속에 산 있으니 달이 청천에서가 아니라 여기에서 솟도다(南州有一畵中山 月不靑山出比間) ' 하였다. 그 외에도 김극기, 김종직, 율곡 이이, 다산 정약용 등 수많은 선비들이 월출산의 아름다움을 노래했다.

달밤의 경치가 뛰어난 것은 주변 마을 이름을 보아서도 알 수 있다. 월곡리, 월산, 월암, 월남촌, 월하리, 상월, 대월, 송월, 신월, 월송, 월평 등 달 월(月) 자가 들어있는 마을이 무척 많다.

월출산은 바위로 분재를 만들어 놓은 것 같다. 바위 하나 하나가 기이하게 쌓이고, 걸쳐지고, 얹혀 있다.

바위의 빛깔도 도봉산의 바위들같이 산뜻하고 하늘을 찌를 듯이 날카롭게 솟아 있다. 바위의 전시장을 방불케 하다 보니 바위 이름도 재미있다. 범바위, 사자바위, 남근바위, 여인바위, 신하바위, 망부석 등 이름이 가지가지다.

신비로운 인물도 여럿 배출

월출산의 서쪽 기슭에는 달 뜨는 풍경이 가장 아름답게 보인다는 구림(鳩總林) 마을이 있다. 이 마을은 왕인(王仁)박사와 도선국사가 태어난 곳이다. 구림이라는 지명은 도선국사가 태어난 직후 버려졌는데, 근처의 비둘기들이 몰려와 보호했다는 그의 탄생설화에서 비롯된 것이다.

왕인박사는 덕망이 높은 백제의 학자로서 일본 응신왕의 초청을 받아 천자문과 논어열전을 가지고 가서 왕실의 스승 겸 정치 고문으로 있으면서 일본 문화 발전에 많은 공을 세웠다. 이 월출산 기슭에 왕인박사의 많은 유적이 있다.

왕인박사의 탄생지로 알려진 구림리 성기동, 공부하던 문산재, 종이를 만들었다는 지침바위, 달맞이를 한 월암대, 일본으로 갈 때 배를 탄 곳인 상대포, 책굴 등이 있다.

문대암 아래 바위에는 왕인박사의 석상이 새겨져 있다.

기념관과 유허비가 세워져 있으니 일본인들은 찾아와서 참배해야 할 성지이기도 하다.

또 한 분은 신라 말기의 선각국사요, 풍수지리설을 주창하여 고려 시대는 물론 조선 시대를 지나 지금까지도 많은 영향을 준 도선국사가 있다. 도선국사는 월출산 서쪽 기슭에 도갑사를 창건하였는데, 이곳에는 귀한 문화재들이 많다.

맞배지붕 팔작문의 해탈문이 국보 제50호로 지정되어 있으며 석가여래좌상이 보물 제89호다.

원효대사가 창건했다는 월출산 무위사의 극락보전은 국보 제13호이며 귀중한 탱화 또한 많이 보존되어 있다 한다. 월출산은 이렇듯 무수한 문화재를 안은 보재(寶財)의 산이다.

월출산 등산은 서쪽의 도갑사 쪽에서 오르기도 하나 동쪽의 천황사에서 주봉인 천황봉까지 올라갔다가 내려오는 사람이 가장 많다.

그러나 유산객 수준의 사람들이 즐기는 코스이며, 산꾼이라면 천황봉, 구정봉, 향로봉, 발봉, 미왕재를 잇는 주능선 길을 애용한다.

천황봉에서 바라보는 조망은 대단하다. 무등, 조계,제암, 팔영, 천관, 두륜산 등 전남의 명산들이 거의 조망된다.

구정봉은 바위 사이로 몸이 겨우 지나게 된 곳을 통과하면 넓은 암반에 아홉 개의 크고 작은 웅덩이가 팬 봉이다. 여기엔 항상 물이 고여 있어 신묘하다.

구정봉 북쪽 골짜기의 용암사 터 근처의 암벽에 새겨진 마애여래좌상은 국보 제144호다. 발봉, 미왕재에는 억새밭이 있어 가을에는 부드러움을 주는 절경이 있다.

호남 5대 명산 월출산의 정기는 산줄기를 타고 영암, 해남, 강진,

장흥으로 뻗어 바다 밑으로 잠겨 들었다가도 다시 기운을 일으켜 진도, 완도를 비롯한 많은 섬들을 토해낸다.

월출산처럼 불꽃같이 뾰족하게 생긴 산봉우리는 형상이 수려하면 문필기운을 품어 있고 약간 꼬부라지면 화필봉이라 하여 화가를 배출하게 된다 한다.

남도에 화가가 많이 배출되어 예향이라고 부르게 된 것도 월출산 기운과 무관하지 않는 듯하다.

(월간산 2002년 12월호)

산 무리

인쇄	2013년 3월 15일
초판 1쇄 발행	2013년 3월 20일
지은이	김종태
펴낸이	양상구
웹디자인	김태완
펴낸곳	도서출판 **채운재**
주소	100-861 서울시 중구 충무로2가 49-8 (서울빌딩 202호)
전화	02-704-3301
팩스	02-2268-3910
손전화	010-5466-3911
이메일	ysg8527@naver.com
정가	12,000원